대한민국 청소년에게 2

대한민국 청소년에게 2

초판 1쇄 인쇄_ 2012년 1월 27일
초판 4쇄 발행_ 2015년 6월 15일

글쓴이_ 강수돌, 고성국, 고재열, 김규항, 김종휘, 도종환, 손석춘, 엄기호,
        우석훈, 이노미, 이승준, 이정우, 이현우, 최병성, 한정숙, 홍세화

펴낸곳_ 바이북스
펴낸이_ 윤옥초

책임편집_ 도은숙
편집팀_ 김태윤
책임디자인_ 방유선
디자인팀_ 이정은, 이민영, 김미란

등록_ 2005. 07. 12 | 제 313-2005-000148호

ISBN_ 978-89-92467-62-9 43300

서울시 영등포구 선유로 49길 23 아이에스비즈타워2차 1005호
편집 02)333-0812 | 마케팅 02)333-9918 | 팩스 02)333-9960
이메일 postmaster@bybooks.co.kr
홈페이지 www.bybooks.co.kr

책값은 뒤표지에 있습니다.

책으로 아름다운 세상을 만듭니다. - 바이북스

개념 청소년 되기 프로젝트

불온한 10대가 세상을 바꾼다!

대한민국
청소년에게 2

바이북스
ByBooks

이 땅의 모든 딸과
아들에게 부치는 글

아하, 너희는 늦게 피는 가을꽃 같은 존재였구나

애들아, 엄마야. 시간이 어느덧 새벽 2시를 훌쩍 넘겼네. 밤늦게 웬 청승이냐고? 묻지 말았으면 해. 딸들이 정색하고 나서면 엄마가 계면쩍잖아. 필시, 신께서 아주 특별한 은혜를 베풀고자 부엉이가 되게 하셨을 거야. 참, 지금 심정부터 토해볼게. 꼭, 아침에 나갔다가 저녁에 돌아와 주머니와 핸드백에 가득한 것들을 모두 꺼내놓은 기분이야. 말과 행동 심지어 마음과 생각까지 몽땅 꺼내놓았다고 봐야지. 그런데 신통하게도 참 자유롭고 홀가분하네. 너희를 향한 자기모순을 버려서일 거야.

딸들아, 엄마는 너희와 대화를 하고 싶어서 멀뚱히 앉아 있다가 이 책에 담긴 16통의 편지를 보낸다. 그간 엄마와 너희 사이에는 대화가 없었지. 대화를 빙자한 잔소리와 윽박지르기 그리고 꼰대(?)의 성급한 협박만이 자리했어. 오늘만큼은 엄마가 저잣거리에서 홀러덩 발가벗은 수치를 감내하고서라도 너희와 토실토실한 대화를 하고 싶어. 누군가 그랬대. 대화는 소통과 공명이 목표가 되어야 한다고. 또한 대화는 이해를 하는 대화와 가치를 나누는 대화가 있다고. 전자는 친구와의 대화이고 후자는 부모와의 대화라고. 그런데 엄마는 숫제 우격다짐이 전부였어. 미안해. 용서해줘. 그래도 너희는 아주 잘 커줬어. 간혹, 덫에 걸린 듯 시시로 헐떡거리며 뒤뚱거리다 버둥댔지만 말이야.

너희가 잘 커준 것은 미래까지 들먹이며 설교와 잔소리를 늘어놓은 엄마의 염려 때문이 아니라, 천상천하 유아독존의 진리를 신봉하는 너희 나름의 방법으로 가능했다고 봐야지. 결국, 이제 엄마는 누구한테나 자신 있게 말할 수 있게 됐어. "너희는 늦게 피는 가을꽃 같은 딸들이다"라고. 야단치지 않아도 윽박지르지 않아도 아들과 딸 들은 어련히 향기도 곱고 빛깔 또한 아름답게 잘 커간다고. 그저, 바람이 있다면 몸은 아파도 마음만은 아프지 않기를 바란다. 아니, 마음은 아파도 영혼만은 아프지 않기를 바란단다. 아니지! 아프면서 세상을 읽고 세상을 만들어가는 생명 덩어리가 되기를 바란다.

사람들은 저마다의 가슴 깊은 곳에 매미 한 마리를 키우고 있어

사랑하는 딸들아, 족집게 과외와 입시 컨설팅을 받아도 비정규직의 세계로 내몰린 언니, 오빠 들의 현실이 가슴을 짓누르는구나. 그래서인지, 엄마는 참여와 행동만이 자유를 준다는 확신은 내려놓고 싶지 않단다. 더불어, 우리 아들과 딸 들이 생명이며 희망이며 대안이라고 단언하고 싶어. 부언하면, 학교는 공부하는 곳

이 아닌 살아가는 곳이며 인생은 끊임없이 나를 찾는 길이라고 믿고 있다.

사람들은 저마다 가슴 깊은 곳에 매미 한 마리를 키우고 있다고 봐. 여름날 아파트 단지에서 울어대던 매미 소리 기억나지? 이제야 얘긴데 엄마는 증상스럽게 울어대는 그 매미 소리가 두 딸의 울음이었다고 생각해. 혹자는 인간을 '호모 사케르'라고 부르더구나. 번역하면 '신성한 사람'이란 뜻일 거야. 그런데 '저주받은 사람'이라는 의미도 포함돼 있대. 헉, 어떡하니? 엄마는 두 딸을 지칭하는 것 같아 가슴이 저릿저릿하고 얼굴이 화끈거려. 한 꺼풀 벗겨진 그 말의 의미가 너희의 근황 같고 자화상인 것 같았어. 아니, 그보다는, 이 땅 대한민국 젊은이의 목마른 기도였고 탄원이겠지. 너희가 희망하는 미래가 혹독한 대가를 지불해야 현실이 된다는 고통 말이야. 뼈아픈 후회와 탄식이 터져 나오는 수밖에 없구나. 우리 기성세대가 이렇게 되지 않도록 했어야 했는데…….

그래서 소리 내어 다짐해본다. 삶은 살기 나름이야. 정답이 하나뿐인 인생은 없어. 그런데도 세상은 너희에게 줄 서기와 선착순을 강요하지. 엄마가 대신해서 사과할게. 엄마는 딸들이 세상을 사랑하고 그 흐름에 맞춰가는 일을 더 적극적으로 응원할 거야. 그 첫 번째 방법이 각계각층의 눈으로 세상을 읽고 써 내려간 16통의 편지를 보내는 일이야. 찬찬히 훑어보면 너희를 사랑해서 못 견디는 엄마의 마음이 읽힐 거야.

달걀이 변할 수 있는 방법은 두 가지가 있대. 하나는, 부화하여 병아리가 되는 것이고 다른 하나는 프라이가 되는 것. 이왕이면 병아리가 되는 편이 축복이겠지? 하기야, 지금까지 너희의 모든 외침과 항거는 병아리가 되려는 몸부림으로 봐야겠다. 엄마는 무엇을 얻었냐고? 엄마는 딸들 덕분에 욕망을 못 박고 성질을 죽이고 모순을 내려놓고 아집을 내쫓게 됐단다. 대신 얼굴을 가꾸는 것만큼 영혼을 가꾸고, 몸을 돌보는 만큼 마음을 돌보는 일에 관심을 두게 됐어. 세상도 시나브로 달라지잖아. 학생인권조례까지 제정되는 걸 봐. 엄마 학생 때는 언감생심 생각도 할 수 없었단다.

중세 신학자 토마스 아퀴나스가 말했지. "믿으면 설명이 필요 없고 믿지 않으면 설명이 불가능하다." 앞으로는 너희를 무조건 믿고 기다리고 기대기로 했어. 우리 딸들을, 아니 대한민국의 모든 아들딸들을. 이제 두 딸이 엄마를 응원하고 격려해줄 차례가 된 듯하다. 엄마는 너희가 그토록 재미를 붙인 트위터와 페이스북이 아닌 책이라는 매개를 통해 이 땅 대한민국의 청소년에게 힘이 되어줄 사랑을 선물하고 싶구나.

이런, 어느덧 아침 9시가 넘었네. 애들아, 너희는 천하와도 바꿀 수 없을 만큼 소중하단다. 앞으로 용감무쌍하기를, 감히 세상을 향해 반란도 획책하고 혁명도 도모하기를.

2012년 1월

윤옥초

"재미가 돈 벌어줘요! 밥 먹여줘요!"

경쟁 우선 사회에서 재미 찾기

김종휘·강수돌·엄기호·김규항

시험에서 1등을 한 학생이 느끼는 마음을 보라. 5등에서 3등, 또 1등으로 올라갈 때는 좋지만, 일단 그 자리를 차지하고 나면 바로 그 순간부터는 '추락의 공포'에 시달린다. 그래서 자신을 더욱 가혹하게 혹사해야 한다. 이게 경쟁의 또 다른 덫, 지속불가능의 덫이다.

삼미 슈퍼스타즈 : 재미·의미·빌미

· 1 ·

김종휘 (OO은대학연구소 2소장)

"재미 좀 봤어?" 이 말은 주식 투자에 빠진 어른들끼리 건성으로 주고받는 인사말로 대부분 "별로"라는 상투적 대꾸를 듣고 넘어가는 습관성 멘트다. "재미없으면 돈 안 받습니다." 이 말은 오락성 상품을 파는 회사가 신제품을 출시할 때 일면 당당한 듯 일면 다급한 듯 의뭉스레 던지는 미끼용이다. "그냥 재미있게 봐주세요." 이 말은 성격파 소리를 듣는 주연 배우가 사회성 짙다는 영화 개봉을 앞두고 한참을 진지하게 인터뷰하다가 끝에 계면쩍게 덧붙이는 겉과 다른 속내다.

"무슨 재미로 사나!" 이 말은 가족의 성화를 못 이기고 막 금연을 시작한 할아버지나 아빠가 아파트 베란다에 홀로

서서 불쌍한 듯 굴면서 또박또박 다 들리게끔 큰 소리로 하는 푸념이다. "재미있는 수학 공부 시작할까?" 이 말은 재미없게 가르치는 선생님이 절박한 심정으로 한껏 미소를 지으면서 자아 최면용 주문을 걸듯 어색하게 꺼내는 첫마디다. 마치 재미없기로 소문난 개그맨이 "진짜 재미있는 개그 보여드릴게요"라고 초반에 분위기 잡는 것과 같은데 그때마다 학생과 청중은 실망할 것을 안다.

이렇게 두루 쓰이는 '재미'라는 말의 사용법에는 공통점이 있다. 나 스스로 재미있다고 느끼는 게 아니라는 점, 누군가 나에게 일방적으로 재미를 선언하고 주문하고 약속하면서 믿으라고 한다는 점이다. 그러나 금세 '재미없다'로 판명이 나고 그럴수록 누군가는 더욱 재미를 주입하고 강요하는 억지와 막장 상황으로 흐른다. 이런 사용법 중에서 최고봉은 "공부가 제일 재미있었어요"다. 이 말은 전국 수능 최고 득점 학생이나 소위 명문대 수석 합격 학생이 비결을 묻는 기자의 질문에 대수롭지 않았다는 듯이 내뱉는 대답으로 알려진, 정말 재수 없는 말이다.

물론 그 학생에게는 대입 공부가 엄청나게 재미있었을 수도 있겠다. 또 그런 학생을 본받고자 아빠는 물주가 되고 엄마는 매니저로 변신한 덕에 공부라는 재수가 자꾸 붙어

나서 그런 말을 유행처럼 반복하고 싶은 내일의 1등 인터뷰이를 꿈꾸는 학생도 있겠다. 하지만 모처럼 일찍 퇴근해서 이런 뉴스를 보다가 눈초리가 싸늘해진 부모에게 밥상머리에서 "넌 공부가 그렇게나 하나도 재미가 없냐?"라고 핀잔을 받는 입장이 되면 죽을 맛이다. 알지도 못하는 또래가 미워진다. "어휴, 공부하느라 죽을 것 같았어요. 다시는 공부하고 싶지 않아요"라고 말해도 시원찮을 판에 말이다. 엄친아와 엄친딸이 재수 없는 이유도 같다.

반면에 재미라는 말이 제대로 사용될 때는 주체가 자기 자신일 때, 주어가 나일 때다. 이를테면 어른들이 묻길 "그 딴 걸"(이 말은 성적과 시험 점수 향상에 별 도움이 안 될 것 같은 일체의 청소년 활동을 싸잡아 가리킨다) 죽어라고 하는 이유가 대체 뭐냐고 이해할 수 없다는 투로 말을 걸어와서 아이가 "그냥요"라고 응답했더니 도무지 말이 안 통할 때, 그때 아이가 보태는 결정적인 한마디가 있다. "재밌잖아요!" 재미가 있는데 무슨 이유를 더 대라는 것이냐, 이런 뜻이다. 이 말을 부모 면상에서 했다면 당장 "재미가 돈 벌어주냐? 밥 먹여주냐?"라고 호통이 떨어질 것이다.

그럼 어떻게 하나? "재미가 돈 벌어줘요! 밥 먹여줘요!"라고 화끈하게 맞받아치고 싶지만 한 대 맞을 것 같고 진짜 그렇게 살겠노라 장담하지 못하겠으니까 일단 눈길부터 깔고 묵묵부답한다. 그러나 재미로 돈 벌고 재미로 밥 먹는 세상이 된다면 이런 장면은 어떻게 바뀔까? "재밌잖아요!"라고 말하는 아이에게 함박웃음을 보내며 우렁차게 박수를 칠 것이다. 중요한 일 한답시고 재미없게 사는 어른들도 그런 아이를 보면서 반성 좀 하고 재미있는 인생으로 거듭나려 할 것이다. 무엇을 하든 최소한 재미있다고 말하는 청소년이라면 자살은 물론 우울증이나 화병 같은 것에 시달리지는 않을 테니까 말이다.

> 서구와 달리, 태국 사람들은 일이 진지해야 한다고 생각지 않으며, '일 자체는 좋은 것'이라는 견해를 갖고 있지도 않다. 그렇다고 해도 태국인들은 결코 게으르지 않다. 그들의 문화는 '재미'를 뜻하는 '사눅(sanuk)'에 큰 가치를 둔다. 모든 활동은 '사눅(재미있는)'과 '마이 사눅(mai sanuk : 재미없는)'으로 구분된다
>
> 《일의 발견》, 조안 B. 시울라 지음, 안재진 옮김, 다우, 2005, p. 53

그런 세상이 있다! '재미있다'와 '재미없다'로 만사를 구분하는 세상 말이다. 재미있으면 칼을 들이대도 하는 것이

고 개고생이라도 하는 것이다. 반대로 재미없으면 억만금을 줘도 안 하는 것이다. 억만금이라면? 혹시 할지 모르겠지만 그런다고 없는 재미가 솟아날 리 없으니 시키는 대로 시늉만 할 게다. 리더십과 윤리를 가르치는 대학교수인 지은이는 같은 책의 인용문 바로 뒤에 '사눅'을 이렇게 정의한다. "사눅은 자연스럽게 우러나는, 근심 없는 즐거움을 뜻한다. 일이건 놀이이건 상관없이 어떤 활동을 할 만한 가치가 있는 것으로 만들어주는 속성이 바로 '사눅'이다."

일이든 놀이든 학습이든 재미있으면 자발적으로 한다. 청소년들이 일상에서 재미라는 말을 가장 자연스럽게 사용할 때의 이치도 같다. 친구끼리 어딜 가자거나 누굴 만나자거나 뭘 하자고 할 때 "정말 재밌어!"라고 이 한마디에 꽉꽉 힘주면서 잡아끈다. 그럼 응해주는 친구는 뭐라고 대꾸하나? "재미없음 죽는다!" 이런다. 이런 말투는 남자애들이 많이 하지만 아무튼 재미라는 말의 쓰임새가 어떤 상황과 분위기에서 잘 통하는지 보여준다. 우선 내가 재미있다고 느끼는 것이다. 그걸 너도 하면 재미를 느낄 것이기에 적극 권하는 것이다. 너와 내가 같이 그 재미를 더 크게 맛보자고 말이다.

바로 이런 상황과 분위기에서 청소년은 재미라는 말을

사용한다. 그래서 "재미란 자발적이다"라고 말하는 것이다. '내가 (그것을) 재미있게 느낀다'가 맞지 '그것은 원래 (누구에게나) 재미있다'가 아니다. 빨간 우산, 노란 우산, 찢어진 우산이 등장하는 동요를 개사했던 왕년의 '빨간 팬티, 노란 팬티, 찢어진 팬티' 노래에 빗대면 빨간 재미, 노란 재미, 찢어진 재미 등 실로 별별 재미가 다 있는 법이다. 그러나 이 중에서 각별한 게 따로 있지 않다. 사람마다 재미를 경험하는 패턴은 다양한 법이라 찢어진 재미도 쓸모가 있는 것이다. 재미라는 경험의 대상이 중요한 게 아니라 무엇을 하든 재미있게 경험하는 주체(나와 너)가 핵심이다.

많은 실험과 연구는 이렇게 재미를 경험하는 주체에게 일어나는 특별한 현상에 주목해왔는데 내놓는 결과는 한입처럼 같다. 호기심(흥미), 놀라움(발견), 즐거움(쾌락), 집중력(몰입), 상상력(발명) 같은 것들이 우후죽순 생겨난다는 것이다. 이런 요소들을 한마디로 압축해서 표현한 개념이 창의성 또는 창의력이다. 이제는 창의성이 있어야 돈 벌고 밥 먹고 살 수 있다고 난리를 쳐서 모두 자기 계발 하겠다고 애 어른 할 것 없이 책 사서 읽고 강연 들으러 다니고 학원 등록하느라 부산하다.

그런데 무엇을 하든 재미를 느껴서 자발적으로 호기심부

터 상상력까지 스스로 기를 수 있는 것이라면, 빨간 재미와 노란 재미 중에서 또는 빨간 창의성과 노란 창의성 중에서 무엇이 더 뛰어나고 효과적이냐 하는 구분과 선택은 무의미해진다. 찢어진 재미, 찢어진 창의성이라도 상관없다. 사람마다 재미를 느끼는 패턴이 어떻게 다르고 같은지, 즉 사람을 잘 관찰하고 이해하는 것이 핵심이다. 나 자신을 느끼고 이해하는 능력이 먼저인데 이것을 혼자 터득하는 비책은 없다. 책에서 강연에서 학원에서 비책이 있다고 떠벌려서 혹시나 한다면 "재미없으면 돈 안 받습니다"라는 미끼를 문 것이니 봐로 놔라.

무엇을 하든, 어떻게 하든, 목표를 갖고 하든, 그냥 하든 상관없이 내가 나를 알려면 나를 꾸준하게 비춰줄 너라는 타자가 반드시 있어야 한다. 나 역시 너에게 타자의 자리에 서서 너를 비춰줌으로써 서로를 느끼고 받아들이는 감수성을 빚어내야 비로소 나는 나를 알게 된다. 나를 알게 되는 이 경지는 곧 너를 알게 되는 "둘이 등장하는 무대"이다. 이 표현은 알랭 바디우Alain Badiou, 1937~라는 철학자가 쓴 《사랑예찬》조재룡 옮김, 길, 2010에 나온다. 자아와 타자의 오묘한 관계에 대해서 다르지만 같아지고 같지만 달라지는 그 비밀을 탐구하는 싶은 독자라면 정독을 권한다.

지금까지 하고 싶었던 말은 이런 것이다. 재미라는 것은 요즘 각광받는 창의성의 입구인데 여기에 입장하는 관건은 어떤 재미를 고르느냐에 있지 않고 그게 무엇이든 재미를 느끼는 주체의 경험에 달려 있다는 것. 문제는 주체마다 재미를 느끼는 패턴이 달라서 자신을 관찰해서 알아야 하는데 방법은 너라는 타자를 느끼고 받아들이는 감수성을 통해 서로를 같이 알아나가는 길만 있다는 것. 하여 재미에 대한 나의 일차적 결론은 이렇다. 재미는 무죄다! 이게 무슨 엉뚱한 이야기냐고?

뉴스를 보면 정기적으로 청소년 범죄를 다루는 데 곧잘 이렇게 제목을 단다. "'재미삼아' 주사기로 차량 15대 타이어 펑크", "재미삼아 60대 노인에게 오물 투척한 철없는 10대 청소년들", 심지어 "고교생들의 개 '연쇄학살' 죽인 이유가 가관 '재미삼아' 충격"도 있다. 곤욕을 치른 차량 주인과 어르신에게 양해를 구하고 무엇보다 죽임을 당한 개들에게 용서를 구하는 기도를 하고 나서 그래도 하고 싶은 말이 이것이기 때문이다. 재미는 무죄다! "재미삼아" 그랬다고 말한 그 청소년들은 그렇게라도 재미를 찾아야 했던 것이고 동시에 재미를 잘못 경험한 것이다.

'재미 삼다'는 표현과 청소년 범죄를 버릇처럼 연결하여 재미를 표적 사냥하는 기사들을 살펴보면 청소년 개인의 단독 행동이란 거의 없다. 늘 또래와 어울려서 적게는 두서넛에서 많게 10여 명 넘게 무리 지어 한다. 이렇듯 혼자가 아니라 만나서 무언가를 재미있게 하려고 한다. 자살하지 않으려고, 우울증이나 화병에 시름대지 않으려고 재미를 찾는 것이다. 그들이 평소에 학교에서 거리에서 괜찮은 재미를 찾을 수 있었다면, 하는 발상의 전환을 하지 않는 한 유죄는 국가와 어른들에게 있다고 말해야 옳다. 입시 공부와 소비 외에는 모조리 '그딴 걸'로 무시해서 청소년들이 재미 삼아 창의성을 발휘할 수 있는 다양한 활동을 원천 봉쇄한 국가와 어른들이 얼마나 재미없는지 봐야 한다. 따라서 재미는 무죄다!

내 주장을 변론하기 위해서 증인을 신청한다면 국립극단의 어린이청소년극연구소에서 2011년에 초연을 선보인 연극 〈소년이 그랬다〉를 요청하겠다. 원작은 톰 라이코스와 스테포 난수의 〈더 스톤스The Stones〉, 예술교육감독 최영애, 각색 한현주, 연출 남인우, 협력연출 유홍영, 출연 김문성과 김정훈, 연주 남관우와 김홍식이다. 이분들 이름을 낱낱이 열거한 것은 재미가 무죄라는 사실의 역사적 증인이 될 것이기 때문이다. 2012년에는 부산에서 순회공연을 한다니

청소년은 물론 위의 기사 제목을 습관처럼 반복하는 기자들은 반드시 보기 바란다. 팸플릿에 실린 연극 소개 글을 일부 옮기면 이렇다.

여기 두 소년이 있다. 중학생 민재와 상식은 그날도 시시껄렁한 장난을 하면서 육교 위를 올라갔고, 볼품없는 돌을 아무렇지 않게 장난삼아 육교 밑 자동차들을 향해 힘껏 던졌다. 장난은 돌이킬 수 없는 큰 사건이 되는데… "우린 어떻게 될까?" 하지 않았던 소년들의 이야기, 당신에게도 일어날 수 있는 이야기.

정리해보면 하나는 재미를 찾는 본능이고 다른 하나는 그 재미를 너와 같이 느껴보고 싶다는 충동이다. 이 본능과 충동은 무죄일 뿐 아니라 창의성 함양을 위해서라면 무엇을 하든 제발 하라는 시대의 권장 사항이다. 이제 남는 과제는 재미를 찾고 재미를 함께 느껴보려는 그 꿈틀대는 생명력의 분출 방향을 잘 안내하는 일이다. 무엇이든 재미 삼아하되 재미와 함께 재미를 넘어가서 의미를 발견하는 단계다. 재미 이론 못지않게 의미 이론도 다양한데, 여기서는 나치 수용소를 겪고 자전적 체험을 기록한 정신과 의사 빅토

르 E. 프랑클Viktor E. Frankl, 1905~1997의 《죽음의 수용소에서》이시형 옮김, 청아, 2005로 대신하고 싶다.

심리학이나 상담학에 관심 있는 이라면 지은이가 주창한 의미 치료logotherapy에 주목하겠지만 이 책은 학교 폭력과 왕따·은따 문제가 심각하게 부상한 요즘 가해-동조-방관-피해의 자리에 서게 되는 청소년들의 각기 다른 체험을 통으로 조망하려고 할 때에도 큰 도움이 되리라 본다. 나치 수용소 감시원이 수감자를 향해 "돼지"라고 부르면 시키는 대로 "자기 배설물 위에 그냥 누워 있으려고 하는" 정신과 신체의 상태는 작금의 교육 체제와 그 동조자들이 작심하고 학생들에게 시키는 짓과 닮은꼴이라 섬뜩해진다. 공권력은 가해 청소년을 처벌하고 사회의 전문가들은 피해 청소년을 치료하는 쳇바퀴를 또 돌리기 전에 저마다 재미를 찾게 하고 의미를 돌려줘야 하는 것은 아닐까?

돌아와서 내가 말하는 의미란 새로운 지식을 습득하든 보람을 느끼든 나의 정신이 한 뼘 성장했든 고통받는 이웃에 공헌했든 누군가와 상호 작용을 할 때에만 발생하는 것이다. 날마다 생사의 기로에 섰던 지은이가 찾은 삶의 의미는 사랑했던 아내와 나눴던 일상을 떠올리며 기억 속에서 아내와 상호 작용을 계속 이어갔기 때문이다. 마찬가지다.

재미란 나만 생각하면서 나 혼자 독점해서 맛보는 게 아니다. "요 재미는 나 혼자 맛봐야지" 하고 남몰래 누리는 그런 재미는 있지 않다. 그것은 병드는 재미다.

은둔형 외톨이(히키코모리)는 은둔해서 외톨이가 되는 게 아니라 반대로 어느 날 갑자기 세상에 나 혼자뿐인 것 같은 상황을 겪고는 겁을 먹고 은둔하는 것이다. 그럼에도 재미를 찾는 본능을 가지고 있기에 인터넷을 통해 게임이든 지식이든 무엇이든 골똘하게 파게 되고 이것을 일삼아 자기 밖으로, 방 밖으로, 집 밖으로 안 나오고 영영 틀어박힐 태세가 된다. 해법은 어떻게든 밖으로 끄집어내는 것이다. 그래야 혼자서만 일삼는 반쪽짜리 재미가 아니라 누군가와 같이 즐겨서 더 큰 재미를 불러내는 충동의 희열을 맛보고 여럿이 어울리는 생활을 시작하는 것이다. 즉 살아갈 의미를 찾게 된다.

앞에서 "일이건 놀이이건 상관없이 어떤 활동을 할 만한 가치가 있는 것으로 만들어주는 속성"의 '사눅'(재미있는)을 소개했다. 이 '사눅'의 필요조건이 무엇을 하든 강요당하지 않고 자발적으로 경험하는 주체의 자유에 있다면, 충분조건은 누군가를 만나서 관계를 형성할 때에만 발생하는 의미를 통해 충족된다. 그것이 무슨 내용물을 담았든 의미라는 것은 사람이라면 누구나 갖는 충동으로부터 요청되며 타자를 진심으로 만나기만 한다면 무조건 생긴다. 이렇게 재미를 발견하는 주체가 타자를 만나서 의미를 알게 되면 그다음은 세상의 온갖 빌미에 응답하며 창의적 빌미를 만드는 단계로 넘어갈 수 있다.

보통 빌미라고 말하면 변명이나 양해excuse 또는 핑계나 구실pretext이란 부정적 어감으로 쓰인다. 이런 사용법의 대표 격인 세간의 처세술은 남에게 빌미를 주지 말라, 빌미를 남기지 말라고 가르친다. 그러나 'Excuse me'를 '여보세요'나 '실례합니다'로 번역하듯 빌미란 내가 무엇을 하며 살든 누군가에게 신세를 지게 되어 있다는 것을 아는 염치와 상통한다. 나는 너에게 신세 지고 너는 나에게 신세 지며 사는 법이다. 너는 나의 빌미가 되고 나는 너의 빌미가 되며 그렇게 서로 엮여 있고 또 엮어가는 것이 사람살이다.

이것을 아는 사람에게 '염치가 있다'고 하는데 염치를 알아야 면목面目이 생긴다. 면목이란 얼굴을 들고面 눈을 떠서目 세상을 있는 그대로 본다는 뜻이다. 이 말은 하기는 쉽지만 행하기는 대단히 어렵다. 우리는 직접 보지 않은 것은 존재하지 않는다는 듯 행동한다. 보더라도 보고 싶은 것만 보기에 있는 그대로 못 본다. 어떤 문제가 해결되지 않고 있다면 해법이 도출되지 않아서가 아니라 있는 그대로 보지 않으니까 공감이 안 되어서다. 복잡하고 복합적인 문제라서 풀기 어려운 게 아니라 문제를 있는 그대로 보지 않으니까 실감 없이 피상적인 해결책만 되풀이해서다.

시공간의 경계 저만치 멀리 떨어져 있어도 그 사람과 그 문제에 공감하고 실감하는 것이 문제 해결 능력의 출발점이다. 다시 말해서 있는 그대로 볼 줄 아는 능력이다. 이런 능력은 너와 내가 서로 엉키어 있다는 뿌리로 돌아가야 나온다. 이런 능력은 혼자 득도해서 1등을 해서 생기는 게 아니다. 너와 나의 빌미를 자꾸 만들어보는 수밖에 없다. 재미를 찾는 게 본능이고 그것을 나누어 배가하고자 하는 충동을 누구나 갖는다고 했듯 재미는 필연코 누군가를 만나 의미를 발생시키고, 그것은 다시 빌미가 되어 서로를 살리는 창의적인 문제 해결 능력의 발휘로 이어지는 법이다.

앞에서 재미를 경험하는 주체에게 일어나는 특별한 현상에 대해 말했다. 그것을 "호기심(흥미), 놀라움(발견), 즐거움(쾌락), 집중력(몰입), 상상력(발명) 같은 것들이 우후죽순 생겨난다"라고 표현했다. 많은 일이 일거에 많이 일어난다는 뜻의 우후죽순雨後竹筍, spring up everywhere은 비 온 뒤에 죽순이 사방 곳곳에서 동시에 저마다의 생김새대로 쑥쑥 솟아

나는 모습에서 유래했다. "자연스럽게 우러나는, 근심 없는 즐거움"을 뜻하는 '사눅'(재미있는)은 그렇게 한꺼번에 재미-의미-빌미를 일으킨다.

나는 이런 '한꺼번의 현상'을 표현하기 위해 '삼미 슈퍼스타즈'라고 제목을 빌려왔다. 삼미 슈퍼스타즈는 한국 프로 야구 역사에서 국가대표 출신 한 명 없이 출범하여 최다 연패와 만년 꼴찌, 특히 역전패의 '달인'으로 승리보다 훨씬 많은 패배의 기록을 남긴 팀 이름이다. 삼미 슈퍼스타즈는 프로 야구 역사상 가장 먼저 단명했다. 그 후 망각되나 싶었던 삼미 슈퍼스타즈를 박민규라는 소설가가 《삼미 슈퍼스타즈의 마지막 팬클럽》한겨레출판사, 2005이란 소설을 통해 지금 이곳의 시공간 경계 너머로 잠복한 삼미 슈퍼스타즈의 재미와 의미와 빌미를 한꺼번에 되살려놓았다.

이 소설을 읽은 뒤로 나는 소설가 박민규를 존경하게 되었다. 그는 알고 있는 것이다. 재미를 경험하면 의미를 발견하고 그것으로 온갖 빌미를 깨치고 만들어서 마치 이 세상에 없는 듯 배제되는 수많은 이들의 삶을 생생하게 공감하는, 그들의 문제를 나의 문제로 전염시키고 마침내 우리의 문제로 실감할 수 있게 뒤바꾸어 이 세상의 구석부터 야금야금 변태를 일으키는 마법을 말이다. 덕분에 나는 일찍이

OB베어스현 두산 베어스의 팬이 되어 있었지만 사라진 삼미 슈퍼스타즈와 그들의 마지막 팬클럽에 공감하게 되었다.

왜냐하면 삼미 슈퍼스타즈는 재미있었고 그래서 의미가 있었고 나에게 여러 빌미를 제공해주니까. 과거를 오늘을 미래를 엮어나갈 재미-의미-빌미를 한꺼번에 일으켜주니까. 두고두고 그럴 것 같은 예감을 주니까. 하여 우리 같이 상기하자. 뭐니 뭐니 해도 재미있는 게 이기는 것이다. 강해서 살아남거나 오래 살아남아서 승자가 아니라 재미있는 것이 한꺼번에 삶의 이유를 쏟아낸다. 아무쪼록 재미있게 살자. 재미있는 사람이 되자.

김종휘

문화 평론가 및 기획자이다. 인디음악을 기획했고, 하자센터 부소장을 역임했으며, 사회적 기업 노리단 창업에 이어 10여 개의 사회적 기업 창업을 인큐베이팅했다. 요즘에는 청년과 청소년 그리고 지역 주민이 좀 더 재미있고 의미 있게 만나며 서로에게 창의적 빌미를 양산하는 OO은대학연구소 2소장 역할을 맡고 있다. 지은 책으로는 《대한민국 10대, 노는 것을 허하노라》《너, 행복하니?》《내 안의 열일곱》《아내와 걸었다》등이 있다.

신자유주의 경쟁과 인간의 삶

· 2 ·

강수돌(고려대 교수)

과연 '경쟁'이란 무엇인가? 사람은 경쟁 없이도 살 수 있을까? 아니, 경쟁이 없다면 개인이나 사회가 발전할 수 있을까? 경쟁은 부정적 결과를 낳기도 하지만 긍정적인 점도 많지 않을까? 경쟁 없는 사회를 상상한다는 건 비현실적인 공상이 아닐까?

대체로 이런 질문들이 경쟁에 대한 우리의 일반적인 생각이나 의문이다. 결국 우리는 경쟁을 '내면화'한다. 그래, 경쟁 없이 살 수는 없으니 경쟁의 좋은 면만 생각하며 살자. 아니면 좀 더 세련되게, 경쟁을 통한 발전의 가능성을 최대한으로 활용하되, 그 나쁜 점만 최소화하면 될 게 아닌가. 이런 식이다. 또는, 경쟁을 하는 과정은 좀 괴로우나 남보다 더 노력해 최고가 되면 그때부터는 떵떵거리며 잘 살 수 있지 않나. 그러니 한 10년만 꾹 참고 열심히 경쟁을 하자. 대개 이런 논리들이 경쟁과 관련되어 전개된다. 그렇게 해서 대부분의 사람들은 경쟁의 불가피성이나 경쟁의 발전적 잠재력, 경쟁에서의 승리를 통한 독점적 행복의 추구 가능성 따위를 수용하고 만다. 이것이 '경쟁의 내면화'다. 그러나 바로 여기에 엄청난 위험이 도사린다. 그것은 현실을 피상적으로만 보기 때문이다. 이 위험한 지점들을 '경쟁의 덫'이라 하자. 만약 우리가 이 경쟁의 덫을 제대로 파악하지 못하고 그저 남들이 말하는 대로 열심히 경쟁해 언젠가 좋은 날이 올 것이라 믿으며 한평생 산다면 아마 우리 인생은 '헛살기'로 끝날 것이다. 그래서 현실에 대한 피상적 인식을 넘어 심층적 인식을 해야 한다. 그것이 인생을 제대로 사는 길이다. 그렇다면 도대체 무엇이 경쟁의 덫일까?

경쟁의 덫 1 : 적대성

경쟁을 이렇게 나눌 수 있다. 하나는 비적대적 경쟁, 다른 하나는 적대적 경쟁이다. 비적대적 경쟁이란 마치 우리가 초등학교 때 청군과 백군으로 나뉘어 운동회를 하는 것처럼 이기든 지든 상관없이 서로 즐겁게 노는 것이다. 물론 이기면 기분이 좋지만 설사 진다고 해도 생계에 지장이 오거나 세상이 무너지는 건 아니다. 오히려 어떤 사회자는 "자, 오늘 운동 경기는 청군이 이기고 백군이 졌습니다. (청군이 '와' 하고 환호성을 지른다.) 아, 그러고 보니 백군이 좀 슬퍼 보이는군요. 그래서 기분 좋은 청군이 슬퍼하는 백군을 위로하는 뜻에서 업어줍시다"라고 제안한다. 사람들은 뜻밖의 제안에 고개를 갸우뚱하면서도 서로 웃으면서 업어주고 업힌다. 결국, 청군은 이겨서 기분 좋고 백군은 위로를 받아 기분이 좋다. 이런 식으로 비적대적 경쟁이란 상대방을 부정하기보다 존중하고 배려하면서 함께 놀이하듯 즐길 수 있는 경쟁이다.

그렇다면 적대적 경쟁이란 무엇인가? 이것은 마치 컴퓨터나 자동차를 만들어 파는 A회사와 B회사 사이의 경쟁처럼, 한 회사가 승리하면 다른 회사는 패망할 수밖에 없는 관계다. 즉, 경쟁의 승자와 패자가 명확히 갈라져 한쪽은 확실히 웃고 다른 한쪽은 확실히 울 수밖에 없는 대단히 긴장된 관계다. 이제 승리한 회사와 그 구성원들은 기분이 너무 좋아 파티를 벌이며 임금 인상이나 각종 보너스까지 듬뿍 즐기지만, 경쟁에서 진 회사는 장기적인 생존은 물론 당장의 생계도 해결하지 못하고 부도 위협에 시달리며 괴로움을 겪는다. 그 직원들도 실업 및 해고 공포에 떤다. 이런 식으로, 적대적 경쟁이란 승자와 패자가 확실히 갈라져 생계와 생존의 문제를 놓고 '너 죽고 나 살자'는 식의 전쟁을 벌이는 게임이다.

아하, 그러고 보니 이제 세상이 좀 제대로 보인다. 우리가 명절날 윷놀이를 하거나 동네 친구들과 놀 때, 또는 학교에서 다른 반 아이들과 각종 경기를 할 때만 해도 그런 경쟁은 생계 문제나 생존 자체를 두고 벌이는 살벌한 게임은 아니다. 이기면 좋지만, 진다고 해도 나의 생계나 생명이 위험해지는 정도는 아니다. 그런데 이것이 시장에서 팔리는 상품 사이의 경쟁이나 그 뒤에서 벌어지는 여러 회사 사이의 경쟁, 그리고 그런 경쟁에 동참하는 여러 회사의 직원(노동자) 사이의 경쟁이라는 차원으로 가면 사태는 완전 딴판이된다. 이제 상품 A가 승리하면 상품 B는 패망한다. 그 상품을 만든 회사 A는 성공하고 회사 B는 망하며, 당연하게도 회사 A의 직원과 사장은 승리의 축배를 들지만 회사 B의 직원과 사장은 실업과 부도의 공포에 떤다.

그런데 우리 사회에서 문제가 되는 '경쟁'이란 무엇인가?

그건 바로 적대적 경쟁이다. 사실, 우리의 부모나 형제자매가 먹고살기 위해 매일 힘겹게 살아야 하는 것도 바로 이 적대적 경쟁 구조라는 엄연한 현실 때문이다. 그런데 이 적대적 경쟁에서는 불행하게도 소수에 해당하는 10퍼센트는 승자에 들지만, 대다수인 90퍼센트는 탈락하거나 그 경계선에서 아슬아슬하게 살아야 한다. 극소수의 승자가 모든 걸 다 차지하는 구조, 이른바 '승자 독점' 구조다. 경쟁을 통해 모두 발전할 것 같지만, 실은 극소수 승자만 좋고 나머지 대다수는 망해서 추락할 수밖에 없는 현실, 바로 이것이 적대적 경쟁의 덫이다. 이게 진실이다.

이건 사실, 기업 세계만의 문제가 아니다. 바로 우리 청소년들을 괴롭히는 '입시 경쟁'도 마찬가지다. 10퍼센트 정도의 점수가 높은 아이들은 좋은 대학에 가지만, 나머지 90퍼센트의 학생들은 이류 내지 삼류라는 열등감에 시달려야 한다. 그런데도 우리는 대개 '경쟁이 없으면 발전이 없다'는 논리 앞에 별 저항도 못 하고 수용한 뒤엔 덜커덩 덫에 걸린다.

경쟁의 덫 2 : 파괴성

그렇게 해서 경쟁을 수용하고 나면, 우리는 이제 "왜 경쟁을 해야 하는가?"와 같은 질문은 '쓸모없는' 것으로 느끼며 "어떻게 해야 이길까?"에만 초점을 맞춘다. 그래서 경쟁에서 승리하는 법을 가르치는 책이나 학원, 족집게 선생이 인기를 끈다. 기업의 경우 각종 컨설팅 회사들이 경쟁에서 이기는 법을 가르친다며 수억, 수십억 원의 돈을 벌어 간다. 대부분의 대학, 특히 경영학 관련 분야가 그런 경쟁력 향상의 방법을 가르친다. 그런데 바로 여기에도 인간다운 삶에 대단히 해로운 덫이 도사리고 있다.

이 덫을 심층적으로 파헤치려면 창조적 경쟁과 파괴적 경쟁을 구분해야 한다. 창조적 경쟁이란 경쟁하는 과정에서 질적인 발전이나 창조, 정신적 고양이 이루어지는 경쟁이다. 일례로, 문학인이나 예술가가 그 작품 활동을 통해 더 수준 높은 경지를 드러냄으로써 자기 자신은 물론 일반 대중에게 많은 영감과 깨우침을 주고자 부지런히 경쟁하는 경우다. 학자도 마찬가지다. 무엇이 현실을 올바로 설명하고 어떤 대안이 좀 더 인간다운 사회를 위해 필요한 것인지 모색하고 실험하며 성찰하는 학문적 노력이야말로 진리를 위한 경쟁, 진실을 위한 경쟁, 참된 발전과 창조를 위한 경쟁이다.

반면, 파괴적 경쟁이란 경쟁의 과정에서 상대방은 물론

자신의 육체와 영혼, 삶의 질, 자연 생태계와 인간 공동체까지도 훼손하는 자기모순적 경쟁이다. 대부분의 자본주의 상품 경쟁이나 기업 간 경쟁은 중장기적으로는 이런 파괴적 경쟁이 된다. 일례로, 회사 A와 회사 B는 처음에는 대단히 창조적이고 혁신적인 상품을 내놓으면서 "보라, 이렇게 서로가 경쟁을 하니 얼마나 좋은 상품이 나오는가? 만약 경쟁이 없었다면 아무 발전도 없이 정체되지 않겠나?"라고 말한다. 그러나 이것은 현실의 피상적 인식일 뿐이다. 두 회사는 '너 죽고 나 살자' 식의 적대적 경쟁에서 승리하기 위해 사장은 물론 연구개발실 직원, 기술직 직원, 생산직 직원, 사무직 직원 등 할 것 없이 모두 밤잠을 설치며 일을 한다. 갈수록 소비자에게 더 값싸고 더 매력적인 상품을 내놓기 위해 '출혈 경쟁'도 한다. 일례로, A휴대폰을 만드는 어떤 회사는 그 휴대폰 속에 들어가는 특수한 부품의 원료를 값싸게 구하고자 아프리카 탄광을 개발하면서 그 이전부터 살던 원주민들을 폭력으로 몰아내고 숲을 파괴할 뿐 아니라 탄광 노동에 어린이들을 노예처럼 부리기도 했다. 어디 이런 사례뿐이랴? 지금도 세계 곳곳에는 적대적 경쟁에서 살아남고자 '경쟁력 향상'이라는 이름 아래 인간 노동력과 자연 생태계를 갈수록 무자비하게 착취하고 파괴하는 기업들이 밤잠을 설친다. 이것이 현실이라면 우리는 이런 현실에 무비판적으로 적응해야 할까? 아니면 잘못된 현실을 정확히 인식하고 올바른 방향으로 바꾸도록 노력해야 할까? 좀 더 잘살고자 경쟁을 한다면 바로 그 경쟁 과정과 결과가 더 나은 삶을 보장해야 하는 게 아닌가. 그러나 현실은 갈수록 '바닥을 향한 경주'를 하니 바로 이것이 파괴적 경쟁의 덫이다.

경쟁의 덫 3 : 지속불가능성

이제, 그런 식으로 자기 자신과 타인, 나아가 공동체와 생태계를 희생시킨 대가로 경쟁에서 승리했다고 치자. 앞서 말한 대로 과연 우리는 "이제 마침내 승자 그룹에 들었으니 지금부터는 한없이 떵떵거리며 살아보자"라고 말할 수 있을까? 아니다. 우리가 승자의 고지를 달성해 '승리의 즐거움'을 맛보는 것은 오직 그 순간에만 가능하다. 아무리 길게 가도 몇 달 가지 않는다. 그 몇 달 동안도 결코 마음이 편치 않다. 승자의 자리는 결코 오래가지 않는다. 그래서 언제든지 경쟁자에게 추월당할 수 있다는 불안감, 그리하여 아차 하는 순간에 패자로 전락할 수 있다는 공포감, 바로 이것이 그 승리자조차 결코 '두 다리 쭉 뻗고 편히 쉴 수' 없는 배경이다. 일례로, 시험에서 1등을 한 학생이 느끼는 마음을 보라. 5등에서 3등, 또 1등으로 올라갈 때는 좋지만, 일단 그 자리를 차지하고 나면 바로 그 순간부터는 '추락의 공포'에 시달린다. 그래서 자신을 더욱 가혹하게 혹사해야 한다. 기업의 경우는 더 심하다. 승자 자리로 오르는 것보다 승자 자리를 지키는 게 더 힘들다. 그 와중에 자신과 세상의 생명력을 더 많이 삼킨다. 이게 경쟁의 또 다른 덫, 지속불가능의 덫이다.

요컨대, 생존의 갈림길에서 항상 떠는 90퍼센트의 패자들은 물론, 경쟁에서 승리한 소수의 승자조차 '순간의 행복' 뒤에선 '영원한 불안'에 시달릴 수밖에 없는 게 심층적 현실이다. 결국, 적대적이고 파괴적인 경쟁 과정에서는 일단 너도나도 그 경쟁의 게임에 동참하는 순간, 승자나 패자나 모두, 어쩌면 영원히 불안과 공포의 덫에 시달린다. 물론 그 와중에 승자는 순간의 행복이라도 맛본다는 점에서 패자보다야 조금은 낫겠지만, 결국에는 '오십보백보'다. 즉, 적대적 경쟁에 참여한 모든 이는 자기도 모르는 사이에 승자나 패자나 모두 (참된 행복을 지속적으로 느낄 수 없다는 점에서) 패자가 된다. 이것은 마치 약 200년 전 메리 셸리^{Mary} _{Shelley, 1797~1851}가 쓴 소설에서 '프랑켄슈타인 박사'가 인조인간을 만드는 데 성공했으나 바로 그 인조물 때문에 오히려 패망한다는 얘기와 많이 닮았다. 사실, 적대적이고 파괴적인 경쟁에서 승리한 소수가 누리는 돈과 권력, 명예와 이미지가 부러워('강자 동일시') 모두들 그런 경쟁을 당연시하고 '내면화'하여 너도나도 승자가 될 것처럼 경쟁에 뛰어들지만, 대다수의 패자는 물론 극소수의 승자조차 진정한 내면은 행복하지 않고 오히려 불안과 초조에 시달린다. 바로 이것이야말로 경쟁이 가진 지속불가능성의 덫이다.

반면, 자기 자신이 예전보다 좀 더 나아지려는 경쟁, 자신의 외면보다는 내면이 더욱 성숙해지고 정신적으로 더욱 깊어지려는 경쟁은 지속가능한 경쟁이다. 가장 대표적인 예가 어제의 나보다 오늘의 내가, 또 오늘의 나보다 내일의 내가 더욱 나아지려는 '절대적 경쟁'이다. 이것은, 극소수의 승자와 대다수의 패자로 갈라지는 '상대적 경쟁'과 대조적이다. 왜냐하면, 절대적 경쟁은 나 자신의 능력이나 지혜, 깨달음 따위가 한층 높아지도록 스스로 노력하는 점에서 지속가능한 경쟁이기 때문이다. 만약 그 과정에서 무리하다고 느껴지면 그만두거나 쉬었다 하면 된다. 즉, 자신과의 경쟁은 자신에 대해 정직하기 때문에 파괴적이지도 않고 다른 사람이나 자연에 대해서도 해를 가하지 않는다. 갈수록 성숙해지고 깨달아가기 때문이다. 그래서 지속가능성이 높다.

그러나 '너 죽고 나 살자'는 식의 상대적 경쟁은 파괴적일 뿐 아니라 자신과 타자를 모두 희생시키면서도 그것을 당연시하기에 오래갈 수도 없다. 설사 승자가 된다 해도 그 자리를 유지하기 힘들 뿐 아니라 그 자리를 유지하기 위해서라도 자신과 타자를 더욱 혹사하거나 기만해야 하기에 나중엔 복구가 불가능할 정도로 망가진다. 사실, 오늘날 우리가 식량 위기, 에너지 위기, 기후 위기 따위를 걱정하게 된 것도 모두 이러한 경쟁의 지속불가능성을 증명하는 셈이다. 이런 점에서 우리 모두는 경쟁의 덫에 갇혔다.

경쟁의 본질 : 두려움을 통한 지배의 수단

이제, 경쟁의 세 가지 덫을 파악했으니 한 걸음 더 나가 경쟁의 본질을 살펴보자. 아, 그런데 경쟁이 지배를 위한 효과적 수단이라니, 좀 어렵다. 그렇다면 이런 비유를 생각해보자. 이미 글쓴이가 《경쟁은 어떻게 내면화되는가》라는 책에서 말한 바 있지만, '박수 치기 게임'을 생각해보면 된다. 수천 명이 모인 강당에 한 강사가 들어온다. 수천 명이 모여 있으니 조용할 리 없다. 여기서 떠들고 저기서 떠든다. 사실, 사람들이 모이면 서로 와글와글 이야기를 나누는 게 인간적이긴 하다. 물론 좋은 강연을 들으려면 조용히 하기도 해야 하는데, 그런 분위기도 모르고 사람들은 어제 본 국제 대회 이야기로 계속 떠든다. 바로 이 순간에 이 연약한 강사가 꾀를 낸다. 바로 '박수 치기 게임'이다. 강사가 말한다. "여러분, 박수 치기 게임을 하겠어요. 자, 여기 A조, B조, 그리고 C조로 나누어볼까요? A조부터 박수를 한번 쳐보실까요?" 이에 A조에 속하는 몇몇 모범생들이 박수를 친다. 물론 박수 소리는 작다. "소리가 별로 크지 않네요. A조 30점"이라고 강사가 말한다. 바로 이 말에 B조가 긴장하면서 박수 소리가 커진다. "우와, B조 잘했어요. B조는 60점"이라고 한다. 그 말에 벌써 C조에서는 한 명이 웃옷을 벗고 앞으로 나온다. 옷을 흔들며 박수를 세게 치라고 독려한다. "우와, C조 정말 잘했군요. 90점이에요." 그런 다음 강사는 다시 A조에게 한 번 더 해보라고 한다. B조와 C조에게도 마찬가지다.

이제 자기들끼리 경쟁이 붙어 강사가 화장실을 다녀와도 될 정도로 박수 치기 게임은 저절로 돌아간다. 그렇게 약 5분이 흐른 뒤 강사가 말한다. "아, 여러분 참 훌륭하시네요. 이렇게 집중을 잘하니 오늘 강의, 참 잘되겠군요. 나중에 제

강의 다 들으시고 퀴즈에서 1등 하는 조에게는 푸짐한 상품도 드리겠어요." 이제 수천 명이 모인 강당엔 잡담 소리가 사라지고 모두 강사의 이야기에 빨려든다. 참 아름답고 익숙한 이야기다.

그런데 바로 이 부분에서 곰곰 생각할 점이 있다. 이 박수 치기 게임이 바로 경쟁의 본질을 알려준다. 자, 강사의 입장에서는 A조가 이기는 게 중요할까, 아니면 B조나 C조가 이기는 게 중요할까? 그렇다. 강사에게는 어느 조가 박수를 잘 치는가는 전혀 중요하지 않다. 그에게 중요한 것은 모든 조가 박수 치기 게임에 열심히 동참하는 것이다. 그렇게 해야 잡담을 그만두고 집중해서 자신의 말에 귀를 기울일 것이기 때문이다. 그런데 각 조의 입장은 다르다. 강사가 점수를 부여하는 순간, 이미 우리의 본능은 "1등 하는 것이 좋다"라는 경쟁의 명령에 충실하다. 그래서 갈수록 더욱 열광한다. 강사는 누가 1등을 할지 관심이 없지만 개별 조의 구성원들은 서로 자신이 1등을 하려고('강자 동일시') 몰두한다. 이는 1등을 하지 못할까 봐 갖는 두려움, 즉 탈락의 공포와 겹친다.

바로 여기에 경쟁의 본질이 숨어 있다. 경쟁에 동참하는 각 집단들은 사생결단을 하고 승자가 되려 하지만, 그래서 서로가 서로를 경쟁자로 여기고 두려움 속에 전체적으로 분열되지만, 그 경쟁을 부추기는 자의 입장에서는 모두가 경쟁에 참여하는 한 1등부터 꼴찌까지 온통 '평화적으로' 장악한다. 그래서 동전에 비유하자면, 동전의 한 면이 경쟁이라면 동전의 다른 면은 지배다. 결국, 지배자들은 사람들을 나라별로, 민족별로, 기업별로, 성별로, 직종별로, 학력별로, 고용 형태별로, 지역별로 나누어 경쟁하게 부추김으로써 모두를 가장 효과적으로 지배한다. 그러니 경쟁은 탈락의 두려움을 이용한, 지배의 효과적 수단이다. 그렇게 해서 경쟁과 지배는 동전의 양면이 된다.

신자유주의 경쟁은 또 무엇인가?

신新자유주의란 대체로 1980년대 이후에 새로운 '세계화'와 더불어 전면화한, 범지구적 시장 경쟁 이데올로기이다. 그렇다면 구舊자유주의도 있는가? 그렇다. 구자유주의는 대개 고전적 자유주의로 불린다. 1776년에 《국부론》을 쓴 애덤 스미스 Adam Smith, 1723~1790가 그 대표적인 사상가다. 그리고 구자유주의와 신자유주의 사이에 놓인 것이 복지국가주의다.

이걸 잘 정리하면 자본주의 역사가 된다. 자본주의는 크게, 고전적 자유주의에서 복지국가주의를 거쳐 신자유주의로 흘러왔기 때문이다. 우선, 고전적 자유주의부터 간단히 살펴보자. 14세기 무렵부터 서양에서 싹트기 시작한 자본주의가 마침내 18세기 후반에 영국의 산업 혁명으로 꽃을 피우면서 나온 사상이 고전적 자유주의다. 봉건 국가나 귀족, 종교 세력이 아니라 상공인 또는 부르주아 계급이 자유롭게 경쟁하며 돈벌이를 추구하면 개인도 잘살고 나라도 부강해진다는 이야기다. 그래서 국가의 간섭이나 봉건 제도를 타파하고 자유 경쟁과 시장의 자유를 촉진해야 한다고 했다.

자유 경쟁의 초기 단계는 봉건주의 타파 측면에서 진일보한 면도 있었지만, 결국은 자유 경쟁에서 승리한 소수가 부와 권력을 독점하는 '독과점의 모순'에 다다른다. 한 나라에서 독점을 하니 이제 더 넓은 시장을 찾아 해외로 나간다. 이것이 식민지 개척이고 제국주의의 탄생이다. 너도나도 제국주의 세력이 되어 힘겨루기 경쟁을 하니 마침내 세계 대전이 터진다.

제1차 세계 대전 도중에 러시아에선 사회주의 혁명이 일어난다. 자본주의가 최고라 믿던 세력들은 깜짝 놀라 자본주의 발전에 더욱 박차를 가한다. 하지만 오히려 사태가 악화돼 1929년의 세계 대공황까지 터진다. 그 와중에도 제국주의 패권 다툼은 계속되었고 마침내 제2차 세계 대전이 터진다.

이르면 세계 대공황기에, 늦어도 제2차 세계 대전 뒤에 선진 자본주의 나라들에서 탄생한 이데올로기가 존 메이너드 케인스John Maynard Keynes, 1883~1946로 대변되는 복지국가주의다. 경제를 자유 시장에만 맡기면 실업이나 공황 등 문제가 심각하기에 국가가 나서서 일자리도 만들고 실업자를 구제하며 노동법을 통해서 노동 3권(단결권, 단체 교섭권, 단체 행동권)도 보호해야 한다고 했다. 그래야 '유효 수요'가 커져서 공장과 시장이 톱니바퀴처럼 잘 맞물려 돌아가기에 자본주의가 원활하게 작동한다는 얘기다. 게다가 그렇게 되어야 사람들이 혁명과 같은 '엉뚱한' 생각도 하지 않는다는 논리다. 오늘날의 유럽처럼 복지 국가가 나온 것도 모두 이런 맥락에서다. 그렇게 해서 제2차 세계 대전 후 약 30년 동안은 잘 돌아가는 듯했다. 대량 생산과 더불어 대량 소비의 시대가 왔고, 방임 국가가 아니라 복지 국가가 도래했다고 많은 사람이 찬양했다. 개인의 입장에서는 복지 체제로 말미암아 '탈락의 공포'가 좀 줄어들기도 했다. 그러나 자본주의 무한 경쟁은 갈수록 치열해졌고 국가 재정은 적자로 허덕이기 시작했다. 노동 운동은 물론 여성 운동, 환경 운동 등 다양한 사회 운동도 활발해지니 마침내 복지국가주의의 위기가 왔다.

바로 이 무렵 1980년경부터 영국의 마거릿 대처Margaret Thatcher, 1925~ 총리와 미국의 로널드 레이건Ronald Reagan, 1911~2004 대통령으로 대변되는 신자유주의 세력이 급부상한다. 그 이론적 배경은 밀턴 프리드먼Milton Friedman, 1912~2006 같은 경제학자들이 제공했다. 사회 복지를 축소하고 노동 시장은 유연화하되 공공 부문을 민영화(사유화)하며, 세계 자본에 국경을 개방하되 국가 규제는 완화해야 한다는 논리였다.

이제 신자유주의 세계화 시대엔 각 사회나 개인이 국가의 보호를 받기 힘들다. 복지 국가는 경쟁 국가로, 규제적 경쟁은 초국적 경쟁으로 변한다. 세계가 하나의 시장, 하나의 생산 공간으로 변하면서 자본은 국경을 가볍게 넘는다. (물론 사람의 이동에는 온갖 규제가 따르지만 자본이나 상품의 이동은 엄청 자유롭다. 그래서 자본의 세계화는 각 기업 노동자들로 하여금 공장이 다른 나라로 떠날까 봐 두려움에 떨게 함으로써 '공포의 세계화'를 초래했다. 그럴수록 노동자들은 나라별, 공장별, 지역별, 인종별, 민족별로 더욱 분열되어 '분열의 세계화'를 경험한다.) 정부나 노조가 환경이나 노동, 농업이나 여성, 서민을 위해 구축했던 온갖 민주적 규제 장치들이 체계적으로 해체된다. 1980년대 말의 우루과이 라운드가 그러하고 1995년의 WTO가 그러하며 최근의 한미FTA가 바로 그 증거들이다.

결국, 세상의 모든 개인은 각기 고립된 사람으로, 더 이상 민주 정부나 독자 조직의 보호를 받기보다 오로지 개인의 경쟁력에 기초해 살아가야 한다. 그러니 '새벽형' 인간이 되어 남들이 잠잘 때 먼저 일어나 일해야 하며, '새 치즈'를 찾기 위해 자기 계발을 계속해야 한다. 그 와중에 '아륀지' 등 원어민 발음을 하도록 세 살 먹은 아이의 혀 수술을 하거나 배 속 태아에게까지 영어 공부를 시키는 대단한 엄마가 탄생하기도 했다. 이제 아이들은 같이 놀 친구가 없어 억지로라도 학원에 가야 하고 자기가 좋아하는 게 뭔지, 자기 인생에 무엇이 중요한지도 모른 채, "남들이 모두 달리니 나만 빠질 수 없다"라며 너도나도 무조건 달려가는, 일종의 '집단 자살 체제'에 빠진다. 바로 이것이 신자유주의 경쟁이 만든 현실이다.

대안은 없다? 아니다, 대안은 만드는 것이다!

이 답답한 경쟁의 현실, 특히 우리가 직면한 이 신자유주의 경쟁의 현실에 맞서서 과연 우리는 1980년대의 마거릿 대처처럼 "달리 대안이 없다TINA, There is no alternative"라며 무한 경쟁을 계속할 것인가, 아니면 앞서 살핀 경쟁의 덫과 경쟁의 본질을 직시하며 인간적인 대안을 모색할 것인가?

결론을 말하자면, 대안은 있고 가능하다. 아니, 대안은 만드는 것이며, 그래야 모두가 산다. 거꾸로 말하면, 대안을 만들지 않고 이대로 가다간 약 100년 전 '타이타닉호' 승객들처럼 모두 죽는다. 그런데 대안은 저절로 주어지는 것이 아니라 함께 만드는 것이다. 그 대안을 만들 주체는 권력도, 자본도 아닌, 바로 우리 자신이다.

경쟁의 본질에서 살핀 바, 자본의 힘은 사람들을 분열시키고 경쟁시키는 데서 나온다. 반면, 우리들의 힘은 단결과 연대에서 나온다. '촛불 광장'을 생각해보라. 자본의 논리가 경쟁이라면 사람의 논리는 연대이다. 나 혼자 살려고 하면 모두 죽지만, 모두 죽을 각오로 연대하면 아무도 죽지 않을 것이다. 자본이 경쟁을 통해 무한 이윤을 추구한다면, 사람은 협동을 통해 상호 행복을 추구하는 게 인간된 도리이다. 자본이 가족·친구·마을·공동체·생태계를 해체하고 파괴하여 돈벌이를 추구한다면, 사람은 가족·친구·마을·공동체·생태계를 복원하고 창조하여 인간성을 추구할 일이다. 그러한 과정이 아무리 힘들고 오래 걸린다 할지라도, 바로 이것이 우리 모두로 하여금 더 나은 삶을 가능하게 하고 모든 이의 삶의 질을 드높이며 사람답게 사는 세상을 만드는 길인 이상, 결코 포기할 수는 없다. 나 혼자 괜찮다고 방심하는 사이에, 적대적이고 파괴적이며 지속불가능한 경쟁의 물결이 쓰나미가 되어 나 개인은 물론 우리 가족, 우리 이웃, 우리 친구, 우리 공동체를 모두 덮치고 휩쓸어버릴 것이다. 남들이 고통당할 때 내가 모른 척한다면 나중에 정작 나 자신이 고통을 겪을 때 아무도 나를 돌보지 않을 것이다. 남의 고통이 나의 고통이 되고 남의 기쁨이 나의 기쁨이 될 때, 그리하여 희로애락을 함께 나눌 친구들이 이 세상 곳곳에 존재할 때, 그때 비로소 우리는 두려움에서 자유로워져 희망이나 인간다운 삶을 얘기할 수 있을 것이다.

결국, 인간답게 살고자 하는 모든 이는 자본이나 권력의 지배와 착취, 경쟁과 분열 전략에 대해서는 한결같이 '노No'를 외쳐야 하고, 사람과 사람, 사람과 자연이 더불어 살기 위한 연대와 협동, 단결과 공생의 대안에 대해서는 '다양성'을 인정하며 서로 겸손과 존중으로 한 걸음씩 나가야 한다. 이것이 'One No, Many Yes' 전략이다. 1994년의 북미 FTA(나프타)로 더욱 악화한 신자유주의 경쟁 현실에 목숨 걸고 저항하던 어느 멕시코 사파티스타^{Zapatista, 멕시코 농민 혁명군} 여성 농민의 말처럼, "연대란 형편이 좀 나은 이가 불쌍한 이를 도와주는 게 아니라, 뿌리가 같은 다양한 문제를 해결하고자 손을 맞잡고 함께 주체로 나서는 것"이기 때문이다. 결론적으로, 경쟁과 분열은 죽음이며 연대와 협동이야말로 생명이자 희망이다.

강수돌

고려대학교 경영학부 교수다. 1961년 경남 마산에서 태어나 서울대학교 경영학과를 거쳐 독일 브레멘 대학교에서 노사 관계를 연구하여 박사 학위를 받았다. 쓴 책으로 《지구를 구하는 경제책》《자본을 넘어, 노동을 넘어》《일중독 벗어나기》《살림의 경제학》《기업경영과 노동법》《내가 만일 대통령이라면》《강수돌 교수의 나부터 마을혁명》《이장이 된 교수, 전원일기를 쓰다》《경제와 사회의 녹색혁명》 등이 있으며, 옮긴 책으로는 《노동 사회에서 벗어나기》《세계화의 덫》《경제 속에 숨은 광고 이야기》《글로벌 슬럼프》 등이 있다.

학교는 공부하는 곳이 아닌
살아가는 곳

· 3 ·

엄기호 (문화인류학자)

　대구에서 한 학생이 부모님에게 장문의 편지를 남기고
스스로 목숨을 끊었습니다. 동료들에게 당한 집단 괴롭힘
때문입니다. 동료를 동료가 아닌 노예처럼 부려먹었습니
다. 자신들의 게임을 대신 시키는 것에서부터 가족의 사진
을 보면서 욕을 하라고도 했다더군요. 그 학생의 유서를 살
펴보면 폭력에 대한 공포만 있었던 것은 아닌 모양입니다.
무엇보다 그 학생은 자신이 거짓을 말하고 오해를 받는 것
에 대해 괴로워했던 것 같습니다. 그 가해자들에게 돈을 주
기 위해 부모님을 속인 것부터 공부를 안 하고 노는 것으로
보인 것, 철없는 자식으로만 보이거나 친구들에게 찌질한

놈으로 낙인찍히는 것 등 모든 것이 괴로웠을 터입니다.

어디 이뿐이겠습니까? 신문을 펼치기가 겁이 날 지경입니다. 하루가 멀다 하고 학교와 관련된 뉴스가 대문짝만하게 보도됩니다. 왕따 때문에 자살하는 아이부터 교사에게 얻어맞거나 혹은 교사를 때리고 폭언을 퍼붓은 일까지 상상할 수 있는 모든 일이 학교에서 다 벌어지고 있습니다. 이 글을 쓰는 동안에 또 신문을 봤더니 '빵셔틀'에 이어 이젠 '와이파이셔틀'까지 생겼다고 하더군요. 스마트폰을 가지고 다니는 아이들이 일진들에게 자기 데이터 용량을 빌려주는 것이라고 합니다. 평화와 공존을 가르치고 배워야 하는 학교가 폭력과 공포의 공간이 되고 있습니다. 도대체 학교에서 무슨 일이 벌어지고 있을까요?

학교는 오래되지 않았다

일이 이 지경이 된 것을 돌아보기 위해서는 학교의 역사를 잠깐 살펴볼 필요가 있습니다. 우리는 모두 여덟 살이 되면 학교에 가는 것을 당연하게 생각합니다. 학교에 가지 않는 것이 이상한 일이지요. 아니 자기 아이를 학교에 보내지 않으면 특별한 경우를 제외하고는 처벌받게 되어 있습니다. 의무 교육이기 때문입니다. 우리는 어린이나 청소년은 당연히 공부를 해야 한다고 생각하고 공부를 하기 위해서는 또 당연히 학교를 가야 한다고 생각합니다.

그러나 공부를 하기 위해 학교에 가야 한다는 생각은 그리 오래되지 않았습니다. 과거에는 모든 사람이 다 공부를 할 필요가 있다고 생각하지 않았습니다. 저희 어머니만 하더라도 어렸을 때 너무너무 공부를 하고 싶었다고 합니다. 그런데 할아버지와 할머니가 허락을 하지 않았습니다. 어머니는 열 살도 되기 전부터 집안일을 도맡아 했다고 합니다. 남동생들이 학교에 가고 나면 빨래며 청소며 집안의 온갖 허드렛일을 했던 것이지요. 한번은 너무 공부가 하고 싶어서 몰래 학교에 갔다가 할머니에게 엄청나게 맞으며 끌려 나왔다고 합니다. 어머니는 그게 당신의 평생 한이라고 아직도 말씀하십니다.

또 공부를 한다고 하더라도 반드시 학교에 갈 필요는 없었습니다. 학교에서 배우기보다 집이나 자신의 스승에게 직접 배우는 편이 더 낫다고 생각하던 때도 있습니다. 제가 아는 청소년 중 한국 무용을 배우는 한 친구가 그렇게 하고 있습니다. 어려서부터 끼가 있던 그 친구는 학교에 다니는 것이 무의미했습니다. 자기는 춤을 추고 싶었으니까요. 그래서 집을 나와 한 예술가 할머니의 집에 무작정 찾아갔습니다. 쫓겨나기도 몇 번 했지만 지금은 스승 밑에서 열심히 공부하면서 가장 아끼는 제자가 되었습니다. 스승의 집에서 먹고 자고 하면서 온갖 허드렛일과 시중을 다 들고 있습니다. 과거에는 거의 다 이런 식으로 공부했습니다.

그러나 우리가 살고 있는 사회에서 이런 일은 극히 예외적입니다. 우리에게 공부는 당연히 학교에서 하는 일입니다. 그리고 학교에서 공부하는 동안에는 노동에서 완전히 분리됩니다. 과거에는 청소년도 그냥 한 명의 노동력으로 생각하던 때가 있었습니다. 저는 시골에서 학교를 다녔는데 제가 어렸을 때만 하더라도 '농번기 방학'이라는 것이 있었습니다. 농촌에 일손이 워낙 부족하기 때문에 초등학생이라고 하더라도 모내기나 추수할 때는 집안일에 힘을 보태야 한다고 생각했습니다. 그러나 지금은 이런 일이 '체험 학습'으로는 허용되더라도 '노동'의 형태로는 절대 허용되지 않습니다. 청소년에게 일을 시키면 그 부모는 엄청난 비난을 받습니다. 특히 위에 무용을 배우는 친구처럼 노동을 하는 것은 엄격히 금지되어 있습니다. 청소년은 일하는 존재가 아니라 아직은 배워야 하는 존재이기 때문입니다. 배워서 미래에 할 일을 준비하는 것이 청소년입니다. 그래서 늘 청소년을 이야기할 때 미래의 주인공이라고 말합니다.

미래를 준비하는 학교

어떤 미래를 준비하는 것일까요? 두 가지가 있습니다. 첫 번째는 한 사회의 책임 있는 시민으로 살아가기 위한 준비입니다. 내가 사는 나라가 어떤 나라이고 나에게 어떤 권리와 의무가 있는지 배우는 것이 학교에 가는 첫 번째 이유입니다. 그래서 학교에서 국어와 역사, 그리고 사회를 배웁니다. 살아가는 데 별로 필요 없어 보이지만 이런 것을 배움으로써 우리는 '의식' 있는 시민이 될 수 있습니다. 의식 있는 시민이란 별것이 아닙니다. 자기 생각과 줏대를 가지고 당당하게 정치와 사회에 참여하는 것을 말합니다. 열아홉 살이 넘으면 투표를 하지 않습니까? 이때 그냥 생긴 것을 보고 투표하거나 고향 사람이라고 아무 생각 없이 뽑아주는 것이 아니라 그 사람의 정책이나 사상을 보고 내가 생각할 때 나라를 올바르게 이끌어갈 것이라고 생각하는 사람을 뽑는 것이 의식 있는 시민입니다.

또한 남과 더불어 살아가는 훈련을 하는 것이 학교의 목적입니다. 학교에 가면 별별 사람이 다 모여 있습니다. 잘사는 아이부터 못사는 아이까지, 공부를 잘하는 아이부터 떨어지는 아이까지. 그리고 특징도 가지각색입니다. 힘이 센 아이도 있고 몸이 허약한 아이도 있습니다. 이런 다양한 특색을 가진 아이들이 모여서 서로의 차이를 인정하고 배려하면서 살아가는 연습을 하는 것이 바로 학교입니다. 그 차이를 인정하고 다른 사람을 모욕하지 않고 동등하게 대할 줄 아는 사람을 의식 있는 시민이라고 말합니다.

두 번째로 학교에서 우리가 준비하는 것은 미래에 내가 하고 싶은 일입니다. 직업을 준비하는 것입니다. 그런데 이 직업은 단지 먹고살기 위해 선택하는 것만은 아닙니다. 자신의 일자리를 선택할 때 사람은 세 가지를 고려하게 됩니다. 첫 번째는 '내가 무엇을 잘할 수 있는지'이고, 두 번째는 '내가 무엇을 해야 하는지'이며, 마지막으로 '내가 무엇을 하고 싶은지'입니다. 천만다행으로 이 세 가지가 합치한다면 정말 행복한 삶이 되겠지요. 하지만 대부분의 사람은 이 세 가지 사이에서 적절히 타협하면서 자기 직업을 구하게 됩니다.

그런데 이 세 가지를 잘 알게 되는 것은 너무 어려운 일이겠지요? 저도 중·고등학교에 다니는 조카들이 있는데 이들이 늘 하는 말이 '자기가 하고 싶은 것이 무엇인지를 잘 모르겠다'는 불만입니다. 그때마다 저는 조카들에게 초조하게 생각하지 말고 천천히 생각하라고 말합니다. 저도 그랬거든요. 어린 시절 저는 과학자가 되고 싶었습니다. 고등학교도 이과로 진학했습니다. 그러다 재수하면서 문과로 바꾸었어요. 그것도 사학을 공부하려고 했는데 지금은 문화인류학을 공부하고 있지요. 한참 걸렸습니다. 그렇게 천천히 생각하라고 학교가 있거든요. 초등학교 6년에서 대학교 4년까지 16년을 학교에서 보내는 가장 큰 이유가 바로 이세 가지를 곰곰이, 그리고 천천히 생각해보기 위해서입니다. 그런데 우리가 지금 학교에서 과연 이 세 가지를 제대로 공부하고 배우고 있을까요?

획일화하고 줄만 세우는 교육

유감스럽게도 우리 교육은 전혀 그렇지 못합니다. 무엇보다 차이를 인정하고 배려하는 것부터 살펴봅시다. 제가 학생들에게 어떤 친구가 왕따 되는지를 물어보면 한결같은 대답이 있습니다. '좀 다른 아이'라는 것입니다. 취향이 다른 아이도 있습니다. 특히 일본 만화나 피겨figure 같은 것을 좋아해서 모으는 친구들이 왕따가 되기 십상이라고 하더군요. 오타쿠라고요. 그들은 외골수에 자기 세계에만 빠져 다른 사람과 잘 어울리지 못한다고 합니다. 또 가장 가슴 아픈 것은 지적 장애나 육체 장애가 있는 친구들을 그렇게 못살게 구는 일입니다. "바보" "멍청이" "병신"이라고 부르면서 무시하고 모욕을 줍니다. 성 소수자 친구들도 마찬가지입니다. 제가 아는 한 학생은 자기 잘못도 아닌데 동성애자라는 사실이 탄로 난 다음에 동료들에게 온갖 성추행을 당했습니다.

두 번째로는 자기 생각을 가지고 줏대 있게 살아가는 것도 한번 생각해봅시다. 생각한다는 것이 무엇일까요? 생각한다는 것은 질문을 한다는 뜻이기도 합니다. 우리는 모두가 다 환하게 알고 있는 것에 대해서는 생각하지 않습니다. 내가 한국인이라는 것은 대다수의 한국인에게는 너무 뻔한 일이라서 생각할 필요도 없습니다. 생각한다는 것은 모르는 것, 의심 가는 것에 대해 질문한다는 뜻입니다. 그런데 우리 학교에서 질문을 할 수 있는지요? 요즘은 많은 학교에서 열린 교육이니 뭐니 해서 학생들에게 질문하기를 권장한다고도 합니다. 하지만 사실 학생들이 질문하기는 여간 어려운 일이 아닙니다. 말 한마디 잘못했다가 욕먹지나 않으면 천만다행이지요.

마지막으로 이 문제를 생각해봅시다. 학교에서 우리는 과연 내가 하고 싶은 일과, 잘하는 일과, 해야 하는 일을 천천히 시간을 들이면서 생각할 수 있는지요? 우리가 학교에서 배우는 내용들이 과연 그것들을 발견하고 생각하는 데

도움이 되는지요? 저의 경험도 그렇고 제 조카들의 이야기를 들어보아도 전혀 그렇지 않다는 사실을 알 수 있습니다. 조금만 다른 시도를 하려고 해도 "쓸데없는 생각 하지 말고 공부나 해라"라는 면박이 당장 날아옵니다. 공부해서 좋은 대학을 가는 것이 아니라 다른 꿈에 대해 이야기하면 "아직은 네가 현실을 몰라서 그런다"라면서 공부만 할 것을 강요받습니다. 그런데 그 공부란 무엇인가요?

오로지 외우는 것입니다. 정치에 줏대를 가지고 참여하는 데도 도움이 되지 않고, 자기를 발견하는 데도 도움이 되지 않으며, 나와 다른 사람과 공존하는 데도 도움이 되지 않는 오로지 지식을 외우고 또 외우는 것을 우리는 공부라고 배워왔습니다. '태정태세문단세……'부터 '오등은 자에 아 조선이 독립국이며 조선인이……'에 이르기까지, 세계 지리에서 배우는 지중해성 기후의 특징에서부터 고등학교 생물에 나오는 오르니틴 회로에 이르기까지 영문도 알지 못한 채 외우기만 했습니다. 아무도 이걸 왜 외워야 하는지 말해주지 않습니다. 대학 입시에 나오니까 외워야 한다는 말 말고는 이걸 외우라는 사람들도 할 말이 없었던 것입니다. 재미만 없는 것이 아니라 의미도 없습니다.

우리 교육은 오로지 대학에 가기 위한 목적밖에는 없습

니다. 자기를 발견하는 것도, 남과 더불어 사는 것도, 내 생각을 가지게 되는 것도 오로지 다 대학 이후로 미뤄져 있습니다. 그럼 정말 대학에 가면 이런 공부를 할 수 있을까요? 천만의 말씀입니다. 과거에는 그럴 수 있었습니다. 대학생이 된다는 것이 특권을 보장받는 것이었으니까요. 청춘이라는 이름으로 일탈하고 저항하는 것도 허용되었습니다. 수업 땡땡이치고 자신을 찾아서 동료와 함께 "자, 떠나자! 동해 바다로!" 하는 것도 가능했습니다. 고등학교 때까지 불가능했던 자신을 탐색하고 사회를 발견할 수 있는 '시간'이 있었습니다. 이 '시간'을 자유라 부르고 이 '시간'에 하는 일을 '경험'이라고 부릅니다. 그러나 지금 대학에는 이런 '자유'와 '경험'이 없습니다. 중·고등학교나 마찬가지로 취업을 위해 죽어라고 공부해야 합니다. 그래서 대학생들이 이런 넋두리를 하곤 합니다. "죽어라고 공부만 하는데 정작 공부할 시간이 없다"라고요. 앞의 공부와 뒤의 공부가 전혀 다른 공부라는 건 알겠지요?

우리 교육이 빠뜨리고 있는 것

위에서 제가 이 글에서 하고 싶은 가장 중요한 이야기가 나왔습니다. 바로 교육이 교육답기 위해 가장 필요한 것이 무엇인가입니다. '자유와 경험'입니다. 자유란 하고 싶은 것을 마음대로 하는 것을 말하지 않습니다. 자유란 내가 어떤 강요를 받지 않고 내 자신의 주체적인 의지로 무엇을 판단하고 책임지는 것을 말합니다. 자유의 반대말은 '맹목'입니다. 맹목이라는 말이 가진 뜻 그대로 무작정 시키는 대로 하는 것을 맹목이라고 합니다. 눈이 멀었다는 뜻입니다. 제 눈으로 사물을 판단하지 못한다는 말입니다. 이런 점에서 대학에 가기만 하면 된다며 무조건 암기를 강요하는 우리 교육은 맹목적입니다. 우리를 삶의 주인으로 만드는 것이 아니라 노예로 만들고 있습니다.

공부에서만 그렇게 되는 것이 아닙니다. 모든 일에서 우리에게 맹목적인 것이 습관이 됩니다. 요즘 말도 많고 탈도 많은 노스페이스를 예로 들어볼까요? 노스페이스는 거의 교복이 되다시피 했습니다. 노스페이스가 아니면 쪽팔려서 입고 다니지 못할 지경이라고 하더군요. 이렇게 되면 노스페이스를 입는 것은 맹목적이 됩니다. 무조건 득템해서 입어야 합니다. 부모님 등골을 부러뜨려서라도(등골브레이크) 입어야 하고 없으면 남의 것을 강제로 빼앗기도 해야 합니다. 겉으로 보면 내가 좋아서 입는 듯하지만 사실은 맹목적이 되는 것이지요. 우리는 공부에서도 맹목적이 되고 옷 입는 방식에서도 맹목적이 되고 있습니다.

당연히 맹목적이 된 사람이 차이를 인정하고 배려할 수는 없습니다. 눈이 멀었는데 차이를 어떻게 생각할 수 있겠습니까? 차이야말로 가장 귀찮고 거추장스러운 것이지요. 그러니 차이를 없애버려야 합니다. 다른 것이 우리를 더 풍부하게 하는 것이 아니라 나의 맹목을 위협한다고 생각합니다. 왕따는 이래서 만들어집니다. 학교에서 좋은 대학이 아닌 다른 공부를 꿈꾸는 사람을 억압하듯이 우리 역시 우리와 조금 다른 것도 못 참게 됩니다. 자유롭지 않기 때문이지요. 우리 교육은 여기서 완전히 실패하고 있습니다.

그럼 우리는 언제 맹목적인 것에서 벗어나 자기 줏대를 가질 수 있게 될까요? 다양한 경험이 쌓였을 때입니다. 그럼 경험이란 무엇일까요? 직접 몸으로 하는 모든 것을 경험이라고 할 수 있을까요? 그렇지 않습니다. 직접 몸으로 하는 것은 체험이라고 합니다. 경험이 체험에서 오는 것은 맞습니다. 그러나 체험과 경험에는 큰 차이가 있습니다. 한번 돌이켜 생각해봅시다. 아마 여러분은 열린 교육 세대이기 때문에 많은 체험 학습을 했을 것입니다. 동물 농장에 가는 것에서부터 요리까지 다양한 체험을 학습합니다. 그런데 그중에서 몇 가지가 가장 기억에 남나요? '아, 재밌었다'로 끝나지 않고 그 체험 때문에 내가 충격을 받고 나 자신이나 미래에 대해 심각하게 생각해본 적이 있나요? 그런 체험을 우리는 경험이라고 말합니다. 이런 경험이 우리 교육에는 없습니다.

두 번째로 경험을 통해서 우리는 머리로 배운 것을 몸으로 익히게 됩니다. 고리타분하게 들리겠지만 공자의 《논어》가 "배우고 때때로 익히면 즐겁지 아니한가?"로 시작한다는 것을 잘 알 것입니다. 이 구절이 재미있는 것이 '배우고 學' 다음에 나오는 말이 '때때로 익히고 時習'라는 점입니다. 배우는 것으로는 부족합니다. 그 배운 것을 천천히 소화하여 내 몸에 완전히 동화시키는 것이 바로 '익히고'의 습習이 됩니다. 습관이 되어야 한다는 것이지요. 배운 것이 습관이 되기 위해서는 무엇이 필요하겠습니까? 시간이 필요합니다. 그러니 공자도 '때때로 時'를 그 앞에 붙여놓은 것이 아니겠습니까? 경험이란 이처럼 시간을 들여서 배운 것을 몸에 익히는 과정입니다. 문제는 우리 교육이 이런 시간을 도무지 허락하지 않는다는 것입니다. 입시를 위한 진도를 나가야 하기 때문이지요. 몸에 뭔가 남는 것이 아니라 머릿속에조차 남지 않습니다. 하나를 채우고 나면 '빨리빨리' 비우고 다른 것을 채워야 하니까요. 여기에 우리가 애초에 생각한 교육이 들어설 여지는 없습니다.

그럼 학교에서 무엇을 할 것인가?

그러나 어쩌겠습니까? 그래도 여러분은 학교에서 살아가야 합니다. 아주 용기 있게 학교를 거부하고 나오는 것이 아니라면 이 '못난 학교'에서 16년을 보내야 합니다. 그렇기 때문에 학교와 교육이 망했다고 말하는 것만으로는 부족합니다. 아무리 그렇게 말해봤자 여러분은 그 안에서 잠을 자건, 딴짓을 하건, 치고 박고 싸우건 시간을 보내야 하기 때문입니다.

그래서 저는 여러분이 학교와 교육을 바라보는 입장을 조금 바꿀 필요가 있다고 생각합니다. 학교를 공부하는 곳이 아니라 살아가는 곳이라고 말입니다. 학교를 공부하는 곳이라고 생각하는 한 우리는 계속 '공부'라는 틀에 갇혀 있을 수밖에 없습니다. 사실 지금 학교는 '공부'를 하는 곳이 아니라 '학습'을 하는 곳입니다. 외우고 문제를 푸는 것 말입니다. 따라서 공부를 중심으로 학교를 생각하면 결국 '어떻게 하면 효율적으로 공부를 잘할 수 있을까?' 혹은 '어떤 공부가 재미있는 공부인가?'에만 초점이 맞춰집니다. 위에서 살펴본 의미의 '공부'는 여전히 들어설 여지가 없어집니다.

그 대신 학교를 사람이 사는 곳이라고 생각하면 어떨까요? 학교를 학습하는 곳이 아니라 사람 사는 곳이라고 생각했을 때 우리는 교육에 대해서도 다시 생각해볼 수 있습니다. 학교 말고 다른 곳에서도, 다른 사람들과 함께 여러 가지 경험을 하는 그 모든 과정이 다 교육이라고 생각할 수 있습니다. 학교뿐만 아니라 그 어디에서라도 우리는 다 배우고 익히며 살아가지 않습니까? 우리가 배운다는 것을 학교에서 해방시켰을 때 학교는 비로소 배움의 장소가 아니라 사는 공간이 될 수 있을 것입니다.

이렇게 할 때 우리가 해야 할 일은 학교를 '사람 살 만한 곳'으로 만드는 것이지 '더 잘 공부하는 곳'으로 만드는 것이 아니게 됩니다. 자, 한번 눈을 감고 생각해봅시다. 학교가 사람 살 만한 곳이 되기 위해서는 학교에 어떤 것이 있어야 할까요? PC방? 노래방? 아님 암벽 등반? 이것도 한번 생각해봅시다. 학교가 사람 살 만한 곳이 되기 위해서는 학교에 교사와 학생 말고 또 누가 있어야 할까요? 의사? 경찰관? 아님 동네 할아버지?

여러분에게 당부하고 싶은 말이 이것입니다. 학교가 사람 살 만한 곳이 되기 위해서는 우리 모두가 같이 노력해야 합니다. 학생들도 이 모든 것이 다 '교육 탓'이라고 말하는 것이 아니라 그 와중에도 우리가 노력할 것이 있다는 사실을 알아야 합니다. 폭력이 난무하는 곳은 사람 살 만한 곳이 아닙니다. 모욕당하고 따돌림당한 아이가 자기 마음 하나 보여줄 친구 한 명이 없다면 그곳도 사람 살 만한 곳이 못 됩니다. 학교가 이 지경이 되고 교육이 이 모양이 된 것은 분명 어른들의 책임이지만 학교를 사람 살 만한 곳으로 만드는 일은 우리 모두가 더불어 해야 합니다. 지금 따돌림당한 누군가에게 손을 내밀어주는 것, 그것이 학교가 사람 살 만한 곳이 되는 첫 출발입니다.

엄기호

1971년 울산에서 태어났다. 연세대 사회학과에서 대학원을 마치고 같은 대학 문화학과 박사 과정을 수료했다. 덕성여자대학교, 상지대학교, 연세대학교 등에서 강의한다. 신자유주의와 세계화 현장에서 냉소하고 절망하는 이들의 삶을 포착하고, 그 안에서 희망의 가능성을 인문학의 언어로 또렷하게 표현하는 공부를 하고 있다. 인권연구소 '창' 연구활동가, 교육공동체 '벗' 편집위원이다. 쓴 책으로는 《우리가 잘못 산 게 아니었어》《이것은 왜 청춘이 아니란 말인가》《아무도 남을 돌보지 마라》《닥쳐라, 세계화!》《포르노, All Boys Do It》 등이 있다.

비정규직은 코앞에 닥친 내 문제

· 4 ·

김규항(출판인·칼럼니스트)

　우리 사회에서 노동자라는 말은 여전히 어딘가 불편하다. 공식적으로도 노동자 대신 근로자라는 말을 쓰고 5월 1일 노동절도 근로자의 날이라 불린다. 많은 사람에게 노동자는 공장에서 힘들게 육체노동 하는 사람의 이미지를 갖는다. 그러나 노동자란 제 노동력을 팔아서 살아가는 사람이다. 회사 다니는 사람, 임금을 받고 일하는 사람은 다 노동자다. 우리가 살고 있는 자본주의 사회에서 대부분의 사람은 노동자로 살아간다.

　노동자에겐 법으로 보장된 권리가 있다. 노동자에게 직장은 삶의 기반이므로 회사가 망할 형편이거나 회사에 특별한 잘못을 한 게 아니라면 무기한의 고용을 보장받는다. 또한 노동자는 단결권, 단체 교섭권, 단체 행동권이라는 세 가지 권리를 갖는다. 반공독재 시절에 노동자의 권리는 공공연하게 무시되었다. 1970년 평화시장의 재단사 노동자 전태일은 "근로기준법을 준수하라"라는 구호를 외치며 제 몸을 불살랐다. 노동자들은 남북 분단 이후 처음으로 제 권리에 눈을 떴고 민주적인 노동 운동도 시작되었다.

그로부터 40여 년 우리 사회는 전태일이 살던 사회와는 비교할 수 없을 만큼 민주화했다. 대통령을 욕해도 간첩으로 몰리지 않으며 자유롭고 민주적인 선거도 당연한 일이 되었다. 그런데 전태일의 시절보다 오히려 권리를 더 제약받는 사람들이 있다. 비정규직 노동자다. 전태일은 법에 보장된 노동자의 권리를 주장했지만 비정규직 노동자는 법에 의해 노동자의 권리가 부인되고 때론 노동자라는 사실조차 부인된다. 그래서 비정규직 노동자는 '현대판 노비'라 불리는 것이다.

비정규직 노동자는 더 이상 노동자의 특별한 일부가 아니다. 전체 노동자 1,500만 명 가운데 비정규직 노동자는 900만 명에 달한다. 특정한 사회적 약자의 문제도 아니다. 연구직이나 대학의 비정규 교수 같은 엘리트라 불리는 직종에서부터 청소 노동자에 이르기까지 사회 전 영역에 다양하게 퍼진 고용 형태다. 게다가 갈수록 비정규직이 늘면서 젊은 세대일수록 비정규직 비율이 높다. 청소년에게 비정규직은 먼 미래도 남의 일도 아닌 코앞에 닥친 내 일이다.

비정규직 노동은 크게 기간제, 간접 고용, 특수 고용 세 가지로 나뉜다. 기간제란 계약직, 혹은 임시직이라고도 불리는데 고용 기간을 정해놓은 노동자다. 고용 기간이 지나 재계약이 되지 않으면 일자리를 잃는다. 기간제 노동자는 항상 불안정한 상태에 있고 재계약이 되지 않을까 두려워 고용 기간에도 노동자로서 권리를 행사하기 어렵다. 간접 고용은 일하는 곳과 고용된 곳이 다른 경우다. 파견, 용역이라 불리기도 한다. 조선업, 자동차, 건설, 판매업, 청소 노동자 등 다양한 분야에 걸쳐 있고 같은 일을 하면서 임금은 절반인 경우가 대부분이다. 일하는 곳이 고용된 곳이 아니니 노동자로서 권리를 주장하기 어렵다. 특수 고용은 노동자를 개인 사업자로 규정하는 것으로 학습지 교사, 건설 중장비 기사 등이 해당한다. 노동자라는 것 자체가 부인되니 노동자로서 권리는 애초부터 없는 셈이다.

기업 입장에서 비정규직은 턱없이 적은 임금으로 일을

시킬 수 있고, 노동자의 권리가 제한되거나 부인되니 쉽게 통제할 수 있다는 이득이 있다. 또한 비정규직 노동자가 많아지면 정규직 노동자도 언제 비정규직이 될지 모른다는 불안감에 기업의 통제에 순응하게 된다. 기업과 정부는 끊임없이 비정규직 노동자의 낮은 임금과 처우가 정규직 노동자의 이기주의 때문이라고 선전한다. 정규직과 비정규직을 분리해서 서로 갈등하게 하면 노동자의 연대는 약해지고 통제는 쉬워진다. 노동자의 분리는 정규직과 비정규직뿐 아니라 비정규직 안에서도 이루어진다. 직무별로 워낙 고용 형태가 다양하고 임금 체계가 다르니까 마치 완전히 다른 노동자인 것처럼 여겨진다. 단시간 노동자, 용역, 파견, 호출, 기간제 등 비정규직을 매우 다양한 형태로 만들어 노동자들을 최대한 갈기갈기 찢어놓는다.

우리는 비정규직 문제가 단지 '비정규직이라는 고용 형태를 가진 노동자의 문제'가 아니라 노동자 전체의 권리가 무너져가는 현상이라는 것을 기억해야 한다. 노가다(일용직 건설 노동자)라는 오래된 말처럼 비정규직 노동자는 언제나 있어왔다. 그러나 비정규직이 지금처럼 본격화하기 시작한 것은 김대중 정권에서 '정리해고와 근로자파견법'이 도입

되면서부터다. 그리고 노무현 정권에서 일반적인 노동 형태가 되었다. 언뜻 생각하면 이상한 일이다. 김대중 전 대통령이라면 반공독재와 목숨을 걸고 싸운 한국 민주주의의 공로자이고 노무현 대통령도 민주 변호사 출신이다. 그런 사람들이 그리고 그들의 정권이 노동자를 고통에 몰아넣고 부자와 기업에 이득을 주는 비정규직 문제의 장본인이라니 말이다. 그게 사실이라면 과연 그들을 민주적이라, 민주 정권이라 할 수 있을까. 질문에 뭐라 답하든 사실은 사실이다.

그러나 비정규직 문제는 김대중이나 노무현이라는 정치인의 인격이나 선택을 넘어 자본주의의 전 세계적인 큰 흐름과 관련되어 있다. 바로 신자유주의다. 자본주의는 자유주의를 기반으로 하는 사회다. 거칠게 나누어 자본주의 사회에서 자유는 두 가지다. 하나는 개인의 자유다. 누구든 자유롭게 말하고 행동하며 정치적 표현도 하고 언론의 자유도 누리는, 우리가 흔히 말하는 자유다. 또 하나의 자유는 시장의 자유다. 자본주의 사회에서 사람들은 자유로운 시장에서 경쟁하며 산다. 자본주의의 옹호론자들은 시장에서 자유로운 경쟁이야말로 인간이 가질 수 있는 최선의 공정한 상태라고 말한다. 그러나 시장에서 경쟁은 공정하지 않다. 힘을 가진 사람과 약한 사람, 혹은 부자와 가난한 사람이 시장에서 공정한 경쟁을 하는 건 불가능하다. 그래서 자유 시장은 자연스럽게 빈부 격차를 만드는데 그 빈부 격차는 자유로운 경쟁에 의한 것이므로 정당하다고 주장된다.

자본주의 초기에 사람들은 자유롭게 고루 잘사는 세상이 열리리라 기대했다. 실제로 소수의 기업가와 부자는 봉건 사회의 왕이나 귀족처럼 살았지만 대다수의 자유로운 노동자가 누릴 자유는 가난할 자유뿐이었다. 네댓 살짜리 아이가 온종일 노동을 하고도 배를 곯아 죽으면 아버지는 죽은 아이를 안고 신에게 기도했다. "이 아이를 고통에서 벗어나게 해주신 주님께 감사드립니다." 그런 참혹한 세상에 저항하는 사회주의 운동이 시작되었고 자유 시장을 철폐한 사회주의 나라들이 생겨났다. 아직 자본주의를 유지하는 나라에서도 자본주의를 적대하는 노동자들이 빠르게 늘어났다. 자본주의는 파국을 막기 위해선 자신을 '수정'할 수밖에 없었다. 노동자들이 최소한의 생활을 하게 해야 체제에 대한 반감도 줄고, 또 노동자들이 상품을 구매할 수 있어야 자본주의가 굴러간다는 걸 깨달았던 것이다. 케인스주의라고도 하고 복지사회라고도 하는 수정자본주의는 대략 1930년대부터 반세기 정도 안정적으로 가동되었다. 그러나 1970년대 들어 자본주의가 다시 불황에 시달리게 되자 다시 자유 시장을 주장하는 세력이 힘을 얻게 되었고 자본주의는 수정을 벗고 다시 초기의 자유주의로 회귀하는 바람이 불게 되었다. 미국의 레이건 대통령과 영국의 대처 수상이 앞장선 이 거대한 바람을 신자유주의라고 부른다.

한국은 반공독재가 물러나고 민주화가 시작된 1980년대 후반부터 신자유주의가 들어올 준비가 되었다. 수십 년 동안 수많은 사람의 희생과 싸움으로 이루어진 민주화가 신자유주의를 맞는 준비가 되었다는 건 참 슬픈 일이다. 1997년 IMF 사태와 함께 집권한 김대중 정권은 경제난 해결을 핑계로 본격적인 신자유주의 개혁을 시작한다. 진작부터 기업들이 요구했으나 노동자들의 반대로 미루어오던 정리해고와 파견제가 도입되자 비정규직의 쓰나미가 몰아치기 시작했다. 노무현 정권은 그걸 충실히 이어받아 더욱 악화된 비정규직법을 만들며 비정규직 노동자를 매우 일반적인 것으로 만들었고 이명박 정권으로 이어지고 있다.

2008년 미국 월가에서 세계적인 금융 기업들이 줄지어 무너지는 사태를 시작으로 세계적인 공황이 일어났다. 승승장구하던 신자유주의가 그 시효를 다하고 쓰러진 것이다. 그러나 자본주의의 지배자들은 자신들의 잘못을 인정하지도 사태를 해결하려고도 하지 않았다. 정부는 '구제 금융'이라는 이름으로 엄청난 돈을 쓰러지는 기업에 퍼붓고 부자들의 호화로운 생활을 유지하게 해주었다. 그 돈은 대다수 노동자의 삶과 복지에 쓰이던 돈이었으므로 노동자들의 삶은 더욱 나빠져만 갔다. 또한 기업들은 경영난을 빌미로 노동자를 해고하고 비정규화했다. 신자유주의가 한창이던 때 비난의 뜻으로 '20 대 80의 사회'라는 말이 유행했는데 이젠 '1 대 99의 사회'라는 말에 누구도 토를 달지 않게 되었다.

그렇게 비정규직 문제는 민주적이라 불리는 정권까지 포함된 자본주의의 전 세계적인 흐름과 관련되어 있다. 그리고 이는 비정규직이라는 고용 형태를 가진 노동자만의 문제가 아니라 전체 노동자의 문제다. 우리는 비정규직 문제에 어떻게 대처하고 해결해나갈 수 있을까. 쉽지 않은 일이지만 또렷하게 나와 있는 몇 가지 상황은 정리할 수 있다.

1퍼센트 부자의 천국을 위해 99퍼센트가 희생하는 세상을 변화시키려는 전 세계적인 저항이 일어나고 있다. 미국에서 유럽에서 그리고 시위를 찾아보기 어렵던 아랍 나라들에서까지 '고장 난 자본주의'를 넘어 다른 사회를 상상하고 주장하는 저항이 확산되고 있다. 우리는 나와 동떨어진 남의 나라 일이 아니라 내 삶과 직결된 그 저항에 연대하여 세상의 거대한 흐름을 바꾸어야 한다. 아쉽게도 우리 사회엔 그런 연대가 약한 편이다. 우리는 민주주의에 대해 다시 한 번 생각해볼 필요가 있다. 우리 사회엔 여전히 반공독재 시절의 잔재가 힘을 발휘하고 있다. 그러나 노동자 입장에서 그런 세력을 기준으로 한 민주/반민주 구분은 더 이상 유효하지 않다. 민주/반민주 세력은 개인의 자유와 관련해선 많이 다른 모습이지만 시장 자유와 관련해선, 노동자 정책과 비정규직 문제에선 다를 바 없기 때문이다. 월가의 시위대가 부시 정권과 공화당을 비난하면서 민주당과 오바마도 다를 바 없다고 말하는 건 우리에게 교훈이 된다. 민주/반민주는 착한 1퍼센트인가 나쁜 1퍼센트인가가 아니라 1퍼센트의 편인가 99퍼센트의 편인가로 나뉘어야 한다. 그리고 진짜 민주주의를 위해 행동해야 한다.

내가 노동자라는 사실을 분명히 해야 한다. 앞서 말했듯 한국의 노동자는 대부분 자신이 시민이라고는 생각하지만 노동자라고 생각하진 않는다. 그래서 다른 노동자의 문제나 싸움을 남의 일처럼 생각하는 경향이 있고 그렇게 낱낱이 흩어진 노동자의 권리는 취약할 수밖에 없다. 종종 우리 사회와 비교되는 서유럽이나 북유럽 사회의 기업가와 부자는 톨레랑스와 노블레스 오블리주 정신이 충실해서 노동자에게 잘하는 것처럼 오해하는 경우가 많은데 그건 문제를 거꾸로 파악한 것이다. 유럽의 노동자는 대부분 노동자라는 의식이 있어서 다른 노동자의 문제나 싸움에 연대하는 걸 당연시한다. 그래서 기업과 정부는 어떤 노동자에게도 함부로 하지 못하며 노동자의 권리도 우리보다 높다.

현실의 벽은 높고 변화는 불가능해 보인다. 그러나 현실의 변화가 불가능한 것은 노동자들이 함께 손을 잡지 않기 때문이다. 낱낱이 흩어져 혼자일 땐 무력하기만 하지만 함께 손잡고 나아간다면 어떤 현실도 변화시킬 수 있다. 자본주의는 수정되었다가 다시 자유주의로 회귀했지만 결국 2008년 공황으로 더는 지속될 능력도 가치도 없는 사회 체제임이 드러났다. 이제 남은 건 우리가 새로운 세상을 상상하고 만드는 것이다. '나는 노동자이며 노동자에게 남의 일은 없다'라는 생각은 새로운 세상을 위한 소중한 첫걸음이다.

김규항

일상의 체험에서 우러나온 소재와 얽히고설킨 현실의 본질을 꿰뚫는 직관, 그리고 비판과 성찰이 공존하는 그의 글은 꾸준히 독자들의 공감을 샀다. 군더더기 없는 간결한 문장은 글의 내용과 별개로 읽는 이에게 깊은 인상을 준다. 2000년 사회문화 비평지 《아웃사이더》를 만들어 편집주간을 지냈고, 2003년엔 사람이 아니라 상품으로 키워지는 한국 아이들을 응원하는 어린이 교양지 《고래가 그랬어》를 만들어 발행인을 맡고 있다. 지은 책으로는 《나는 왜 불온한가》 《B급 좌파》 《예수전》 등이 있다.

"만약에 자기가 외롭지 않았으면
나 같은 사람하고 살지 못했을 거야."
둘은 서로가 얼마나 외로웠는지 너무나 잘 알고 있습니다.
서로의 사랑은 그곳에서 시작됐습니다.

다양성에 열린 사회

이노미·이승준·홍세화

체벌 없이는 교실 통제가 안 되고, 질서가 지켜지지 않는다는 말은 정말 가당키나 할까? 그렇다면 다른 나라들은 체벌 없이 어떻게 교육이 이뤄지는지 살펴봐야 하지 않는가. 나아가 그렇게 체벌의 효용성을 완강히 고집하고 질서와 통제를 강조하는 한국의 교실이 다른 나라들의 교실에 비해 무질서하고 통제되지 않는 이유는 무엇인가?

열한 살 이스마엘의 희망

· 5 ·

이노미(성균관대 연구원)

왜 그는 재수 없는 아이가 되었을까?

"에잇, 재수 없어!"

"……."

"넌 우리 반에서 가장 재수 없는 애란 말야!"

어머니는 오늘도 심장이 터질 것 같은 슬픔을 억누르며 열한 살의 어린 이스마엘의 손을 잡고 병원으로 향합니다. 아버지가 방글라데시 출신인 이스마엘은 검은색 피부를 가졌다는 이유만으로 학교에서 집단 따돌림을 당했습니다. 학급에서 가장 재수 없는 아이를 뽑는 투표 결과 모든 아이들이 이스마엘을 지목했기 때문입니다. 아이들은 이스마엘을 교실 뒤쪽으로 끌고 가 바닥에 쓰러뜨리고 발로 마구 차 온몸이 피멍투성이가 되었습니다. 그날 이후 계속된 아이들의 괴롭힘으로 이스마엘은 심한 우울증에 걸려 방에 틀어박혀 나오려고도 하지 않고 사람들 만나기를 꺼려합니다. 정신과 치료를 받는 이스마엘을 지켜보는 어머니는 한국을 떠나고 싶은 마음뿐이랍니다.

친구들이 함께 어울려 공부하는 교실에서 왜 이런 일이 생겼을까요? 이스마엘이 도대체 무엇을 잘못했을까요? 조금 다른 피부색이 그토록 다른 친구들에게 해가 되는 것일까요?

국내 거주 외국인이 120만 명을 넘어서는 다문화 사회로 접어들면서 다문화 가정 자녀도 15만 명에 이르고 있습니다. 출산율 저하와 고령화에 따른 인구 둔화 현상과 달리 외국인 이주는 더욱 증가하여 2020년에는 총인구의 5퍼센트를 넘어설 것으로 전망하고 있습니다. 즉 거리에서 만나는 열 사람 중 한 명은 외국인으로 다문화 가정 청소년도 30만 명에 이를 것으로 추정됩니다.

다양한 민족과 인종이 지속적으로 증가하면서 다문화 청소년과 함께 공부할 기회도 점차 늘어나고 있습니다. 하지만 많은 다문화 청소년들이 친구들의 따가운 시선과 냉대로 언어 장애와 학습 부적응의 고충을 겪고 있습니다. 한국어가 어눌하다 보니 발표에 대한 자신감도 부족하고 어법에 맞지 않는 문장을 나열하면 놀림감이 될까 봐 늘 소극적인 태도를 보이는 까닭입니다. 그리하여 학교를 중도에 그만두는 다문화 청소년이 전체 초등학생의 10퍼센트, 중학생의 20퍼센트로 일반 학생에 비해 160~200배의 높은 비율을 나타내고 있습니다.

귀화 한국인 최초로 공기업 고위직에 오른 이참 한국관광공사 사장은 "한국인은 외국인들에게 폐쇄적이고 배타적이에요. 난 인생의 절반을 한국을 위해 바쳤는데 그저 '다른 외모'나 '정서의 문제'만으로 왕따가 되기도 했죠"라며 한국인의 순혈주의를 지적한 바 있습니다. 유엔 인종차별철폐위원회 CERD 에서조차 다양한 인종 간의 이해와 관용이 부족한 우리에게 '인종 차별을 철폐하라'는 권고를 한 적이 있습니다.

이와 같이 얼굴색과 외모가 다른 것에 대한 인종 차별은 '인종과 민족이 다른 구성원들이 문화의 공존을 인정하며 함께 어울리는 사회'라는 다문화 사회의 본질과도 어긋나는 행위입니다.

주지하다시피 다문화 사회로 이행된다는 것은 곧 문화

적 다양성이 급속히 확대되고 있다는 의미입니다. 또한 다른 한편으로는 외국인 정주 인구가 크게 늘어나 이들과의 공존을 통한 '세계 시민 사회' 건설 과제를 안고 있다는 뜻이기도 합니다.

따라서 세계화 시대의 세계 시민으로 거듭나기 위해서는 소통과 교류를 통한 상호 이해가 촉진되어야 할 것입니다. 즉 일방적으로 우리 것만을 강요하기보다는 함께 어울려 서로에 대한 관심과 호기심을 확장해나가야겠습니다. 만약 여러분이 이스마엘이었다면 과연 어땠을지 한번 바꾸어 생각해보시길 바랍니다.

나의 조상은 어디에서 왔을까?

사실 역사적 전통을 볼 때 우리 민족은 순수 혈통을 지닌 단일 민족이 아닌 여러 종족의 DNA가 결합된 다민족적 특성을 지니고 있습니다.

한 연구 기관의 DNA 분석 결과에 의하면 우리 민족의 21.9퍼센트가 중국인 DNA의 유전 형질을 지니며, 17.4퍼센트가 오키나와인, 14.5퍼센트가 남태평양 토착민에서 나타나는 유전 형질을 지녔다고 합니다. 순수한 한국인 DNA를 가진 사람들은 40.6퍼센트에 지나지 않는다는 것입니다.

한국인의 얼굴을 분석하고 있는 조용진 교수의 연구 결과에서도 한국인의 약 20~30퍼센트가 남방계, 60~70퍼센트가 북방계, 나머지는 유럽인과 다른 민족의 혼합으로 파악하고 있습니다. 예컨대 유명한 야구 선수 박찬호와 영화배우 장동건처럼 진한 눈썹과 쌍꺼풀, 큰 콧방울, 두터운 입술과 네모난 얼굴, 굵은 머리카락을 지닌 이들은 모두 남방계의 얼굴 특성을 지닌 것이라 할 수 있습니다. 반면 북방계 출신들은 흐린 눈썹과 긴 코, 뾰족한 콧방울, 쌍꺼풀 없는 눈, 얇은 입술을 특징으로 꼽고 있습니다. 반기문 유엔 사무총장과 이명박 대통령은 모두 북방계형 얼굴이랍니다.

청소년 여러분은 과연 어느 유형에 속하는지 자신의 얼굴을 한번 유심히 살펴보시길 바랍니다.

한편 우리나라가 다민족, 다문화 국가임을 밝혀주는 또 다른 근거로는 성씨姓氏를 들 수 있습니다. 화산 이씨와 거제 반씨를 비롯해 강, 나, 남, 오, 제갈의 성씨 조상들은 모두 중국 출신이랍니다. 연안 인씨와 대구 빈씨는 몽골, 청해 이씨는 여진, 덕수 장씨와 경주 설씨는 위구르, 정선 이씨는 베트남, 우록 김씨는 일본의 후손이라 할 수 있습니다. 삼국 시대부터 조선 시대까지 가까운 중국과 일본은 물론이고 인도, 네덜란드 등 실로 많은 민족이 우리나라에 들어와 대를 이으며 서로 섞이고 섞여 함께 우리나라의 역사를 일구어온 것이랍니다. 우리나라 286개 전통 성씨가운데 130여 개가 귀화인의 성씨라고 볼 때 전체 인구의 20~30퍼센트가 귀화인의 후손이라고 볼 수 있습니다. 그렇다면 앞서 말씀드린 북방 계열의 얼굴을 지닌 거제 반씨 출신의 반기문 유엔 사무총장님도 사실은 중국인 후손인 것이지요.

최근 다문화 사회가 도래하면서 독일 이씨(이참), 영도 하씨(로버트 할리), 구리 신씨(신의손) 등 외국 귀화인들에 의한 새로운 성씨가 계속 만들어지고 있습니다. 새롭게 만들어질지 모를 '티벳 티씨', '몽골 몽씨'와 같은 성들이 한국인의 한 사람으로 제대로 자리 잡도록 돕는 것이야말로 건강한 다문화 사회로 향하는 초석이 될 것입니다. 앞으로 또 어떤 귀화인들에 의해 어떤 성씨들이 생겨날지 자못 궁금하기 그지없습니다.

처용은 정녕 아랍인일까?

아널드 J. 토인비 Arnold J. Toynbee, 1889~1975가 "어떤 문화든

지 주변 문화의 영향을 받지 않고 자생적으로 성장, 유지될 수 없으므로 상호 이질적인 문화 간의 접촉은 필연적이다"라고 하였듯이 오늘날의 다문화는 주변 여러 민족과의 끊임없는 접촉으로 인한 이주에서 비롯되었습니다. 즉 중국이나 북방 지역의 전쟁이나 대홍수, 가뭄 등의 재해가 있을 때마다 그곳 지역민들이 피난을 왔으며 왕권 교체의 혼란기 때에도 대규모 귀화가 발생하였습니다. 또한 교역과 포교 활동 외에 태풍에 의한 표류, 표착도 이주의 원인이 되었습니다.

특히 아유타야 왕조의 공주인 허황옥이 가야 김수로 왕의 왕비로서 김해 허씨의 시조가 된 것은 다문화 사회의 서막을 알린 것과 다를 바 없습니다. 또한 인도의 승려 마라난타 존자가 불경을 가지고 백제(384년)에 첫발을 내딛어 창건한 최초의 사찰이 현재 전라도 영광 법성포에 자리한 불갑사입니다. 검은색 피부를 지닌 인도인 승려의 포교를 수용한 백제인들은 전통 신앙의 고유성과 독자성을 고집하지 않고 불교와 조화를 이루며 발전해나갔습니다. 이질적인 것을 배척하지 않고 함께 공존하며 조화를 추구하는 이러한 개방성이야말로 다문화 사회의 진정한 관용과 배려라고 할 수 있습니다.

청소년 여러분은 "동경 밝은 달에 밤드리 노닐다가 들어와 자리 보니 다리가 넷이어라. 둘은 내 것이런만 둘은 뉘 것인고. 본디 내 것이다만 빼앗긴 걸 어찌하릿고"라는 신라의 유명한 향가인 〈처용가〉를 알고 있을 것입니다. 《삼국유사》에 의하면 역신이 몰래 들어와 아내와 동침하고 있는 것을 목격한 처용이 위와 같은 노래를 부르며 춤을 추자 역신이 감복하여 처용을 그린 부적을 붙인 문 안으로는 절대 들어오지 않겠다고 언약을 하였다고 합니다. 이후 사람들은 처용의 얼굴을 그린 화상을 대문에 붙여 나쁜 기운을 물리쳤다고 전해집니다. 《삼국유사》에는 헌강왕(879년)이 얼굴 모양과 옷차림이 괴이한 처용을 처음 만난 곳이 '개운포(울산)'라고 기록되어 있습니다. 실제 '처용 탈'을 보면 툭 튀어나온 주먹코에 눈은 크고 쌍꺼풀이 짙을 뿐 아니라 얼굴색은 붉기도 하고 갈색이기도 합니다. 그리하여 많은 학자들이 처용을 아랍 상인의 후예로 추정하고 있답니다.

이러한 사실은 경주 패릉과 안강 흥덕왕릉에서 곱슬곱슬한 머리카락과 구레나룻, 부리부리한 눈, 우람한 체격을 가진 중세 서역인 모습의 8척 무인 석상이 출토된 것으로 보아 신라와 아랍 간의 정치·경제적 교류가 활발하였음을 알 수 있습니다. 서역을 통해 유입된 아랍산 향로와 각종 유리 기구, 슬슬(서역산 보석)과 구슬, 화려한 금속 공예가 장식된 황금 단검 등은 통일 신라가 화려한 예술적 감각과 문화를 꽃피울 수 있는 기반을 제공한 것으로 보입니다. 결국 다른 나라와의 문화 교류를 통한 개방성과 다양성이야말로 국가 번영의 토대라는 사실은 동서고금의 진리라 할 수 있겠습니다.

세종대왕은 다문화 정책의 선구자인가?

역사적으로 다문화 사회가 가장 화려하게 꽃피운 시기는 고려 시대입니다. 원나라 제국 공주와 노국 공주가 각각 충렬왕과 공민왕과 혼인하자 주변 송나라와 여진, 몽골, 위구르의 많은 이들이 고려로 귀화하였기 때문입니다. 고려는 부족한 국방력과 노동력을 충당하기 위해 귀화인에게 가옥과 토지를 분배하며 적극적인 귀화 정책을 펼쳐 나갔습니다. 그리하여 위구르인 '삼가'는 장순룡이란 이름을 하사받아 '덕수 장씨'의 시조가 되었습니다. 또한 경주 설씨의 시조인 설손偰遜, ?~1360과 정변政變을 피해 귀화한 베트남 왕족 출신 이용상은 화산 이씨, 중국인 반부는 거제 반씨의 시조로 귀화하여 고려에 다양한 문화를 전파하였습니다.

4절로 된 고려 가요 〈쌍화점〉의 첫 절은 "쌍화점에 쌍화를 사러 가니 회회아비가 내 손목을 잡았네"로 시작됩니다. 과연 여기에 등장하는 '회회아비'란 누구를 뜻하는 말일까요?

'회회□□'는 이슬람교를 '회교'로 칭하는 데서 유래하여 '회회아비'는 '쌍화(만두) 가게를 하는 무슬림 남성'을 일컫습니다. 다시 말하자면 만두 가게를 하는 무슬림 남성과 고려 여인 간의 애정 행각을 노래로 풍자한 것입니다. 이는 인종을 뛰어넘은 문명 간의 만남이 남녀의 낭만적인 사랑으로 승화한 것이라 볼 수 있습니다.

오늘날 많은 이들이 즐겨 마시는 소주 역시 당시의 '회회아비'들이 전파했습니다. 뿐만 아니라 양고기를 꼬챙이에 꿰어 먹는 이슬람식 요리인 '케밥' 또한 '송도 설씨'가 구워 먹기 시작한 데서 유래하여 '설적' 혹은 '산적'으로 불리며 지금까지 대표적인 명절 음식으로 사랑받고 있습니다. 이를 통해 당시 고려에는 아랍인의 음식 문화가 널리 퍼져 있음을 미루어 짐작할 수 있을 것입니다. 이러한 고려인의 개방적인 문화 수용과 진취성을 볼 때 우리가 즐겨 사용하는 '단일 민족'이라는 말이 무색해질 수밖에 없을 것입니다.

그러나 조선 초기의 세종대왕은 '회회아비'들의 이색적인 복장 때문에 조선 여성들이 혼인을 꺼린다고 여겨 이들에게 한복을 입으라는 칙령을 내렸습니다. 세종대왕의 이러한 정책은 이방인이라는 차별 의식을 배제하고 '회회아비'들을 완전한 조선인으로 동화시키기 위한 다문화 정책의 실현이라 할 수 있습니다. 세종대왕 당시 융성하게 꽃피웠던 조선의 과학 기술은 중국과 서역의 문명이 서로 융합하여 커다란 시너지 효과를 양상한 것으로, 이 역시 다문화 수용의 중요성을 일깨워줍니다.

이후 조선 말기로 갈수록 쇄국 정책을 거듭함으로써 국제 사회의 조류에서 밀려나 조선은 결국 일본의 식민지가 되는 비극을 겪게 됩니다. 사회적 폐쇄성은 국가의 종말로 치달을 수 있다는 사실을 결코 잊어서는 안 될 것입니다.

만약 콩쥐와 팥쥐가 사이좋게 지낸다면?

지금까지 살펴본 바와 같이 우리의 다문화 사회는 1,500여 년 동안 지속되어왔습니다. 그러나 역사적으로 우리는 섞이는 것, 경계를 넘나드는 것에 대한 본능적인 거부감을 가지고 있었기에 이를 부정하고자 했던 것입니다. 순종은 그 무엇도 섞이지 않는 순백의 선이며 이상인 반면 잡종은 이물질이 섞인 더러움의 표상이며 악의 상징으로 받아들여졌습니다. '백의민족'의 표상은 흰색 본연의 순수함으로 혈통에 관한 순종 의식은 무엇이든 중시하여 단일화를 견지하고자 하였습니다.

전래 동화의 주인공인 콩쥐를 비롯하여 장화·홍련은 모두 착한 심성을 지닌 순수 혈통인 반면 계모가 데리고 온 자식은 다른 혈통의 잡종으로 악을 대변하는 인물입니다. 그리하여 그들의 가정은 항상 분란이 끊이지 않았습니다.

그러나 만약 콩쥐와 팥쥐가 함께 사이좋게 지냈으면 어땠을까요? 콩쥐의 착한 심성과 팥쥐의 욕심이 더하여져 부지런히 더 많은 일을 함으로써 부자가 되어 행복하지 않았을까요? 서로의 단점만을 보는 것이 아닌 각자 서로의 장점을 조화롭게 융합한다면 더 큰 효율성이 발휘될 것이기 때문입니다.

여러분도 주변의 다문화 청소년과 어울려 서로의 장점이 무엇인지 잘 살펴보시길 바랍니다. 여러분이 가진 뛰어난 재능과 그들의 외국어 능력을 합하면 세계 그 어떤 곳이라도 두려워하지 않고 나아갈 수 있습니다.

무엇보다 먼저 '서로의 차이를 인정하고 차별하지 않는 것'이야말로 여러분이 다문화 사회에서 반드시 지켜야 할 중요한 행동 강령입니다.

무지개가 아름다운 건 일곱 가지 각각의 색깔이 어우러져 오묘한 빛을 발하기 때문이며, 오케스트라의 멋진 선율도 각각 악기들의 소리가 하모니를 이룬 까닭입니다. 비빔밥 역시 한 가지 종류의 나물만 들어갈 경우 고소한 맛을 내기가 어렵다는 것을 여러분도 잘 알고 있을 것입니다. 여러 나물이 섞이고 섞여야만 비로소 맛깔스러운 비빔밥이 되듯이, 여러 인종과 민족이 뒤섞여야만 다양성과 창의성이 넘치는 다문화 사회가 형성될 것입니다. 다문화 가정의 인도인 출신 청소년은 숫자 셈을 잘할 것이며, 필리핀 출신 청소년은 뛰어난 영어 실력을 선보일 테고, 중국인 출신 청소년은 외교에 뛰어난 능력을 발휘할 것입니다. 몽골 출신 청소년은 말을 잘 탈 테고, 러시아 출신 청소년은 뛰어난 체조 실력을 뽐내며, 일본인 출신 청소년은 섬세한 예술 능력을 지녔을지도 모릅니다.

이러한 모든 다재다능한 능력이 모이는 다문화 사회는 세계화 시대의 강력한 국가 경쟁력이 되고 있습니다. 첨단 하이테크 산업에 필수적인 개인의 창의성은 바로 이러한 다양성을 인정하는 다문화 사회에서만 화려하게 만개하기 때문입니다.

미국 카네기멜론 대학교의 리처드 플로리다Richard Florida, 1957~ 교수에 따르자면 세계화 시대에는 동일한 사회보다 다양성과 개방성이 뛰어난 이질적인 사회가 국가 경쟁력 강화에 유리하다고 합니다. IT 산업의 메카인 미국 실리콘 밸리와 런던, 샌프란시스코, 뉴욕, 싱가포르 등의 개방성과 역동성은 다양한 공동체의 어울림이라는 것입니다. 세계에서 도시 경쟁력이 가장 높은 뉴욕은 외국인 거주자가 34퍼센트이며 런던은 31퍼센트에 달할 정도입니다.

하버드 대학교의 로버트 J. 배로Robert J. Barro, 1944~ 교수 또한 "외국인 이주자가 1퍼센트 증가할 때마다 경제 성장률이 0.1퍼센트 증가한다"라고 역설하고 있습니다. 외국인 이주자들이 노동력 부족을 해소하고 산업 생산에 기여하므로 경제 효과가 증대하는 것이지요.

최근 이웃 나라 일본이 장기적인 침체를 거듭하고 있는 것도 외국인 이주를 기피하는 보수적 다문화 정책으로 국가 경쟁력을 떨어트렸기 때문이라는 지적이 많습니다. 여기에서 우리는 다문화 사회의 개방성은 국가 성장 원동력인 반면 다문화 전통의 결여는 국가 경쟁력을 저하시킨다는 점을 주지해야 합니다.

또 다른 이스마엘은 어디에 있을까?

철학자 칸트Immanuel Kant, 1724~1804는 이방인이 다른 나라를 방문할 때 '적대적으로 대우받지 않을 권리'를 '환대'라 하였습니다. 프랑스 철학자 데리다Jacques Derrida, 1930~2004 또한 이방인에 대해 '무조건적인 환대'를 주장하였습니다.

하지만 여러분 주변의 다문화 청소년에 대해서는 여전히 편견과 견제가 암암리에 도사리고 있음은 부인할 수 없는 일입니다.

다문화 청소년들은 이미 우리 안에 들어온 '또 다른 우리'입니다. 서로 다르지만 서로를 역동적으로 변화시키는 다양성은 우리 다문화 사회의 미래라고 할 수 있습니다. 예컨대 단일 문화의 반복적인 복제보다는 이질적인 문화가 들어와 융합함으로써 서로 섞이고 어우러지는 다양성이야말로 미래 사회의 생명력을 잉태하는 근원과 마찬가지입니다.

그러므로 세계 시민의 지위가 부여되는 다문화 사회 실현을 위해서는 다문화 청소년들에게 더 이상 '이유 없는 혐오감'이 표출되어서는 안 됩니다. 그들과의 갈등의 벽을 뛰어넘기 위해서는 서로의 삶과 문화를 꿰뚫고 소통하여야만 합니다. 마찬가지로 그들 또한 한국적 가치를 이해하고 존중하는 태도를 지향하여야 하겠습니다. 상호 존중을 통한 진정한 배려야말로 다문화 사회의 다양성과 개방성의 실천입니다.

앞으로는 주인과 손님, 한국인과 이방인으로서의 관계가 아닌 '새로운 우리'로서 함께 어울릴 수 있는 놀이와 문화가 무엇인지에 함께 고민해보아야 할 것입니다.

다문화 사회는 마치 우리의 전통 놀이인 '널뛰기'와 흡사할는지도 모릅니다. 상대 몸무게에 맞추어 널판의 길이를 조정해야 널을 뛸 수 있지요. 혼자서는 결코 널을 뛸 수 없으며, 양보와 타협이 없어도 안 되고, 욕심을 부리면 높이 뛰어오를 수 없습니다. 서로 발을 굴러 주고받지 않으면 고립되어 땅바닥을 벗어날 수 없습니다. 먼 곳을 보기 위해 서로 힘을 합하여 힘차게 발을 구르는 널뛰기야말로 '차이에 대한 존중'이며 '다르지만 평등하게 살기 위한 상생의 모색'이라 할 수 있습니다. 상호 이해를 통한 소통이야말로 여러분과 다문화 청소년들의 상호 존중을 향한 경계 넘기의 시작입니다.

결국 만사는 변화하며 우리의 다문화 사회도 함께 바뀌어갈 것입니다. 열한 살짜리 어린 이스마엘같이 집단 따돌림으로 소외받고 상처받는 또 다른 이스마엘이 더 이상 없기를 간절히 희망합니다.

이노미

고등학교 교사로 재직하던 중 방학을 이용해 배낭여행을 시작한 것이 계기가 되어 여행 작가로 변신, 50여 개국의 여행지에서 만난 현지인의 독특한 가치관과 행동 양식, 종교적 관습에 흥미를 느끼게 되었다. 각국의 문화를 좀 더 심도 있게 연구하기 위해 성균관대학교 대학원에서 비교문화학을 전공하여 박사 학위를 받았다.

현재 성균관대학교 비교문화연구소 선임연구원으로 재직 중이다. 다문화와 비교문화 연구에 관심을 갖고 대학에서 '다문화시대의 한국사회' '동서비교문화연구' '문화 간 커뮤니케이션' '국제문화와 리더십' 등을 강의하고 있다.

주요 논문으로는 〈비교문화 연구의 이론과 실제〉 〈한·일 가치관을 통해 본 문화 간 커뮤니케이션 갈등양상〉 〈비교문화적 관점에서 본 조선과 서구의 문화 간 커뮤니케이션〉 〈외국인 텍스트에 나타난 서울의 도시표상에 관한 연구〉 〈손짓언어에 관한 문화 간 커뮤니케이션 인지능력 평가연구〉 등이 있다.

주요 저서로는 〈손짓, 그 상식을 뒤엎는 이야기〉 〈말하는 문화〉 〈시티 컬처노믹스〉(공저) 〈동아시아의 문화표상〉(공저) 〈동과 서, 마주보다〉(공저) 〈헬로 호주〉(공저) 〈헬로 중국〉 등이 있다.

달팽이의 별*에서 온 남자,
그리고 여자

· 6 ·

이승준(다큐멘터리 감독)

달팽이의 별에는 한 시청각중복장애인 남자와 척추장애인 여자가 살고 있습니다. 남자는 아주 어렸을 때 지독한 열병을 앓고 나서 서서히 시력과 청력을 잃어갔습니다. 지금 시력은 완전히 잃은 상태이고, 청력은 지독한 난청, 즉모든 소리가 섞여서 구분할 수 없는 단계입니다. 남자는 혼자서 집 밖으로 나가본 적이 없습니다. 안 들리고 안 보

---

* 〈달팽이의 별〉은 한 시청각중복장애인과 그의 아내에 관한 다큐멘터리 영화 제목입니다. '달팽이'는 보지도 못하고 듣지도 못하는 시청각중복장애인들이 스스로를 일컫는 말입니다. 소통이 느릴 수밖에 없고 촉각에 의존해 세상과 소통하고 세상을 느끼기 때문에 '달팽이'라는 단어를 사용합니다.

이는 채로 집 밖으로 나간다면 집 앞을 지나가는 택시에 치일 수도 있고, 분주히 길을 가는 택배 아저씨에게 부딪힐 수도 있기 때문입니다. 그만큼 혼자 나가는 것은 남자에게 아주 위험한 일입니다. 그렇게 활동에 커다란 제약이 있고, 대부분의 시간을 세상과 단절된 채로 살아야 한다는 사실 때문에 남자는 삶의 의욕이 전혀 없었습니다. 세상을 보는 것도, 듣는 것도 허락되지 않는다는 사실, 다른 사람들에게 말을 건넬 수도, 그들의 말을 듣는 것도 안 된다는 사실은 그를 절망 속에서 살도록 만들었죠.

그 남자는 어느 날 한 여자를 만납니다. 그녀는 키가 초등학교 1, 2학년 학생 정도밖에 안 되는 척추장애인입니다. 두 사람은 사랑을 했고 결혼을 하게 됩니다. 벌써 10년도 더 된 일입니다. 여자는 남자에게 세상에서 가장 사랑하는 여인이자 그가 세상과 소통하도록 해주는 안내인입니다. 남자는 종종 말합니다. "얼굴을 한 번도 본 적이 없지만 아내는 이 세상에서 가장 아름다운 사람입니다."

남자와 여자가 살고 있는 집 안방의 형광등이 깜빡깜빡거립니다. 고장이 난 모양입니다. 여자는 형광등이 달려 있는 천장을 올려다봅니다. 그녀에겐 너무나 높아 보입니다. 침대 위로 올라가서 천장을 올려다보지만 형광등이 달려 있는 곳은 그녀에게 여전히 아득하기만 합니다. 여자는 거실에 있는 남자에게로 갑니다. 그녀는 손가락으로 컴퓨터 키보드를 치듯이 남편의 손등 쪽 손가락 위를 두드립니다. 여자가 남자에게 의사를 전달할 때 사용하는 소통 방법인 점화˚입니다. 남자는 시각과 청각을 활용할 수 없기 때문에 촉각을 이용해 의사소통을 하는 것입니다.

"형광등이 고장 났어." 그 말에 남자가 일어섭니다. 여자가 앞장서고 남자는 여자의 팔을 붙잡은 채로 방으로 따라갑니다. 남자가 방 침대 위에 올라가서 비틀거리다가 중심을 잡고는 손을 천장으로 뻗어봅니다. 둥그런 형광등이 달려 있는 곳 여기저기를 만져보더니 묻습니다. "이걸 어떻게 빼내지?" 여자는 남편의 손을 잡고 다시 손가락 위를 두드립니다. "형광등에 연결된 플러그를 우선 뽑아야 돼." 남자는 손을 뻗어 더듬거리다가 한참 만에 형광등에 연결돼 있는 플러그를 찾아 뽑습니다. "그다음엔?" 하면서 손을 아내에게 맡기자 다시 손가락으로 말을 전달합니다.

˚ 손등 쪽 손가락 위에 점자를 찍어 소통하는 방법으로서, 일본의 시청각중복장애인인 도쿄 대학교의 후쿠시마 사토시 교수가 개발해 사용하기 시작했습니다.

"형광등을 지탱하고 있는 고리를 빼내야 해." 남자가 다시 형광등 주변을 더듬어보지만 형광등을 지탱하고 있는 고리를 찾는 건 쉽지 않습니다. 겨우 그 고리를 찾아 형광등을 분리해냅니다. 이번엔 새 형광등을 끼울 차례입니다. 그건 더 어렵게 느껴지는 모양입니다. 일단 형광등 지지 고리를 찾아 하나씩 끼워 형광등을 고정합니다. 여자가 남자를 툭툭 치자 남자가 손등을 내밉니다. 여자가 점화를 합니다. "천정에서 나온 플러그를 형광등에 꽂아야 해." 남자가 플러그를 찾아서 끼우려고 하자 여자가 "그거 말고 오른쪽에 있는 것"이라고 남자의 손등 쪽 손가락 위에 말을 남깁니다. 남자는 다른 플러그를 겨우 찾아 끼웁니다. 이렇게 형광등을 무사히 갈아 끼우는 데까지 걸린 시간이 두 시간. 교체한 형광등을 확인해보겠다며 벽에 있는 스위치를 켜자 형광등이 환하게 들어옵니다. "성공했네." 둘은 환하게 웃으면서 서로를 끌어안습니다. 두 사람은 그렇게 서로에게 손과 발, 눈과 귀가 되어, 비장애인에게는 아무것도 아닌 일을 함께 해내고, 그 작은 기쁨에 즐거워하며 살고 있습니다. 장애는 조금, 혹은 조금 많이 불편한 것의 다른 이름입니다.

남자와 여자가 어디론가 가기 위해 기차를 탑니다. 기차는 도시를 빠져나와 들판을 달리다가 터널로 들어갑니다. 기차가 터널로 들어서자 남자는 뭔가 다르다는 걸 느낀 모양입니다. 모든 소리가 구분할 수 없는 상태로 들리는 남자에게도 터널 안과 밖은 진동과 그 소리의 질감이 다르다고 합니다. 살짝 창문 쪽으로 고개를 돌려 가만히 있던 남자가 여자에게 물어봅니다. "지금은 어디야?" 여자가 점화로 대답합니다. "터널." 잠깐 동안 생각을 하던 남자가 다시 묻습니다. "터널은 뭐야?" "산 밑으로 지나가는 것." "그럼 터널 위는 산이야?" 터널을 빠져나오자 남자는 창쪽으로 향했던 고개를 여자 쪽으로 돌리며 말합니다. "지금은 터널 빠져나온 것 같은데……." 다시 기차가 터널로 들어가면 "지금 터널이지? 터널이 이렇게 많아서야 산들이 옆구리가 시리겠다"라며 남자가 웃습니다. 그를 따라서 여자도 웃습니다.

시각과 청각을 잃었다는 것은 이 세상을 느낄 수 있는 가장 중요한 감각 두 가지를 잃어버렸다는 의미입니다. 그것이 어떨지, 두 가지 감각을 잃어버린다는 것이 무엇인지 상상하고 이해하기란 쉬운 일이 아닙니다. 세상과 단절돼 있고 나는 그 세상을 제대로 느낄 수 없다는, 그 지독한 절망감은 삶에 대한 의욕을 꺾어놓기도 합니다. 시각과 청각을 서서히 잃어갔던 남자 역시 그 끝을 알 수 없는 절망감에 고통스러워하곤 했습니다.

남자는 아내에게 종종 이렇게 말합니다. "시청각중복장애인들은 손가락 끝으로 꿈을 꿔. 그런데 간혹 우리들의 손가락 끝이 어느 곳에도 연결돼 있지 않고, 누구하고도 대화를 못 나누고 있으면 우리들이 마치 우주인 같다는 생각이 들어. 그 깊이를 알 수 없는 우주 공간에 홀로 남겨진 우주인." 남자는 이제 자신은 그나마 다행이라고 생각하게 됐습니다. 세상과 소통하는 데 늘 곁에 있어주는 아내 덕분에, 다른 사람들의 이야기를 이해할 수 있도록 해주는 점화 덕분에, 그리고 이 세상의 풍부한 경험과 상상력이 녹아 있는 책을 읽을 수 있도록 해주는 점자 덕분에 느리지만 소통을 할 수 있다는 것, 세상과 단절되지 않고 연결돼 있다는 것을 생각하면 남자는 자신이 운 좋은 시청각중복장애인이라는 것을 인정하지 않을 수 없습니다. 하지만 그가 알고 있는 대부분의 시청각중복장애인은 세상과 단절된 채로 삽니다. 어떤 청각장애인은 미처 점자를 배우기 전에 시력을 완전히 잃어서 점자를 배울 수 있는 길이 막혀버렸고, 어떤 시청각중복장애인은 어려서 가족에게

버림받아 언어 능력을 전혀 갖추지 못한 채 벌써 나이 40을 넘겼습니다. 세상과 닿아 있지 않은 장애, 사회가 관심을 갖지 않는 장애는 단순한 불편함이 아닌 고통과 좌절입니다. 장애는 단절감의 또 다른 이름이기도 합니다.

남자와 여자는 결혼하기 전 한 사회 복지 시설에 함께 있었습니다. 그곳에서 친하게 지냈던 친구들이 남자와 여자의 집으로 놀러 왔습니다. 남자와 같은 시청각중복장애인이지만 아주 약간의 시력과 청력은 남아 있는 후배와 후천적으로 시각 장애를 갖게 된 친구들입니다. 지체장애인인 한 동생도 있습니다. 여자는 맛난 음식을 성심껏 준비해 내어놓습니다. 서로의 처지를 너무나 잘 알기에 이들은 함께하는 이 시간이 너무나 편안하고 즐겁습니다. 눈치를 볼 일도 없고, 불편함이나 소외감을 느끼지도 않습니다.

밥을 먹고 후식으로 과일이 나오자, 남자와 여자가 연애

• 시청각중복장애인 중에는 태어나면서부터 시각·청각을 잃은 경우, 점차 시각과 청각을 거의 동시에 잃어가는 경우, 시각장애인 혹은 청각장애인이었다가 시청각중복장애인이 되는 경우 등이 있습니다. 청각장애인이었다가 시각도 잃게 되면 본인이 알고 있던 수화는 거의 무용지물이 됩니다. 시청각중복장애인에게 남아 있는 감각 중 촉각이 의사소통 수단으로 쓰이기 때문에 점자를 아는 것은 필수입니다. 이 때문에 청각장애인이었다가 시청각중복장애인이 되면 절망하기 쉽습니다. 보이지 않고 들리지 않는 상태에서 점자를 배우는 건 대단히 어려운 일이기 때문입니다.

할 때 안내인 역할을 하곤 했던 시청각중복장애인 후배가 말합니다. "형하고 누나 보면 얼마나 부러운지 몰라. 나한 테도 누나 같은 사람이 옆에 있으면 대화도 나누고, 산책도 하고 그럴 텐데……. 적어도 나 혼자 산에 올라갈 일은 없을 거 아냐." 후배의 말을, 시각장애만 갖고 있는 다른 후배(들을 수 있고 점화를 할 수 있기 때문에 통역 역할을 맡곤 하는 후배입니다)가 남자에게 점화로 말을 전달합니다. 그러자 남자가 말합니다. "누나가 내 도우미로 결혼했다고 생각해?" 후배가 대답합니다. "아니 그런 건 아닌데……." 분위기가 경직된다고 느꼈는지 남자가 말합니다. "너도 장가를 가라고, 그렇게 부러우면." "여자가 없으니까 못 가지." "장가를 가려면 준비가 돼 있어야지." "형은 장가갈 때 준비가 돼 있었어?" "준비가 돼 있었지." 후배가 어이없게 웃으며 말합니다. "뭐, 경제적인 거?" 그러자 남자가 말합니다. "외로움. 외로움이 확실하게 준비돼 있었지." 함께 있던 사람들이 모두 유쾌한 웃음을 터뜨립니다. "에이, 장난치지 말고……." 후배가 핀잔을 주자 남자는 더 확고하게 말합니다. "외로움이 나는 확실하게 준비돼 있었지." 사람들 얼굴에 더 진한 웃음이 퍼집니다. 하지만 모두들 너무나 잘 알고 있습니다. 그 말이 결코 장난이나 웃으라고 한 말이 아님을요. 불편한 소통과 세상의 편견 때문에 이들이 가장 힘들어하는 것은 외로움입니다. 그 외로움을 너무나 서로 잘 이해하기에 남자와 여자는 사랑하면서 의지해올 수 있었던 겁니다. 장애가 있다는 건 그만큼 외롭다는 것이기도 합니다.

남자는 책 읽기를 아주 좋아합니다. "세상을 눈으로 보고, 귀로 들을 수 없으니 절망적이었어요. 그런데 점자책을 읽거나 점자 단말기로 글을 읽는 것은 할 수 있으니까 책에 푹 빠져서 살아왔죠." 사실 시청각중복장애인이 할 수 있는 일은 많지 않습니다. 그만큼 우리는 시각과 청각에 의존해 살고 있습니다. 남자는 삶에 대한 욕구가 아주 강해서 무엇이든지 하고 싶어합니다. 자전거를 타고 질주하고도 싶고, 춤을 배워 자유를 표현하고도 싶습니다. 하지만 남자는 독서가 자신이 할 수 있는 가장 쉽고 중요한 일이라고 생각합니다. 그래서 그는 점자 단말기에 텍스트 파일로 저장돼 있는 소설이나 동화, 철학서 등을 가리지 않고 읽습니다. 그가 무언가를 읽는 것에 집중하고 집착한다는 것은 삶의 욕구가 그만큼 강하다는 의미이기도 합니다.

가끔 남자는 영화나 연극이 보고 싶기도 합니다. 그럴

때는 구할 수 있는 영화 시나리오나 연극 대본으로 읽음으로써 그 욕구를 해결합니다. 텔레비전 드라마도 가끔 그렇게 즐깁니다. 손가락 끝으로 상상의 나래를 펴는 것이죠.

한번은 남자와 여자, 또 다른 시청각중복장애인 후배, 시각장애인 친구 이렇게 넷이서 야구장에 갔습니다. 시각장애인 친구가 야구를 아주 좋아해서 늘 라디오를 듣곤 했는데 함께 야구장에 가자고 했던 모양입니다. 그 네 사람 중에서 야구를 직접 눈으로 볼 수 있는 사람은 한 명뿐이었죠. 여자가 경기 상황을 세 사람에게 잘 묘사해서 전달해줘야 했습니다. 1번 타자가 공을 딱 치고 나갔습니다. 듣기에도 경쾌해서 꽤 멀리 날아간 것 같았습니다. 시각장애인 친구가 흥분해서 물었습니다. "앗, 정확하게 맞은 것 같은데 공 어디로 갔어요?" 여자는 당황했습니다. 그녀는 야구 규칙도 모르고 야구를 제대로 본 적도 없었거든요. "어…… 공이 안 보여요. 어디로 갔는지 모르겠는데요." 사실 그렇게 빨리 날아가는 공을 관중석에 있는 사람이 찾을 수 있다는 게 여자는 신기했습니다. 결국 여자가 두 사람의 시청각중복장애인과, 한 시각장애인에게 야구 경기를 정확하고 생생하게 전달하는 것은 불가능했습니다. 시각장애인 친구는 갖고 온 라디오를 켜고 그 중계방송에 귀를 기울였고, 남자와 후배는 야구 감상은 포기하고 점자 단말기를 꺼내 책 읽는 것으로 관심을 돌렸습니다. 장애는 무언가를 포기해야 하는 것이기도 합니다.

보고 듣고 감상하거나 즐긴다는 것은 인간의 기본적인 욕구이지만 장애를 갖고 있는 이들에게는 쉬운 일이 아닙니다. 가까운 일본에는 시각장애인, 청각장애인도 감상할 수 있도록 해설 자막을 입히거나 내레이션을 덧입힌 배리어프리˙ 영화라는 것이 있습니다. 영화 장면 하나하나를 감독이 가장 적절하게 묘사할 수 있는 말과 문장으로 표현해서 소리만 듣고도 혹은 자막만 보고도 영화를 감상할 수 있도록 만든 것입니다. 한국에서는 아직 생소하지만 시각장애인, 청각장애인도 문화를 향유하고 싶어 하는 욕구가 강하다는 사실을 안다면 배리어프리 영화가 한국에도 많이 생겨야 하지 않을까 합니다.

시각 청각 장애가 중복인 경우에는 훨씬 더 섬세한 배려가 필요합니다. 예컨대 다큐멘터리 영화 〈달팽이의 별〉의 주인공인 남자를 한 영화제가 초청했을 때, 그는 영화의 대

˙ 배리어프리barrier-free는 장애인에게 생활 환경의 장벽이 없는 상태를 지칭하는 말로서 건물이나 주택을 지을 때 장벽 없는 건축 설계를 하자는 취지로 건축학 분야에서 가장 먼저 나온 용어입니다.

본을 미리 보고 상영 현장에 와서 다시 도우미가 옆에서 점자 단말기가 연결된 노트북으로 영화의 매 장면을 다시 설명해주는 식으로 영화를 감상할 수 있었습니다. 과연 시각이나 청각, 혹은 그 두 가지 모두에 장애가 있는 사람이 어떻게 하면 영화를 효과적으로 감상할 수 있을까를 고민해본다면 그렇게 어렵지 않게 방법을 찾을 수 있습니다. 문제는 이 사회가 얼마나 관심을 가지고 해결하려고 노력하느냐에 있습니다.

남자와 여자가 한 병원으로 들어섭니다. 그곳에는 시청각중복장애인 후배가 병상에 누워 있습니다. 여자가 남자를 이끌고 후배의 손을 잡게 해줍니다. 둘은 점화로 대화를 나누기 시작합니다. "어떻게 다치게 된 거야?" "대문 앞에 얼음이 있는 줄 모르고 미끄러졌는데 엉덩이로 떨어졌어. 충격이 너무 세서…… 잠깐만 지금…… 너무 아프니까 나중에 다시 이야기하자……." 다행히 뼈에는 이상이 없지만 2주 동안은 병상에 누워 있어야 한다고 합니다.

집으로 돌아온 남자는 여자에게 말합니다. "혼자 돌아다닐 수 있는 곳은 다녀봐야겠어. 가만히 있으면 감각이 무뎌져서." 여자는 걱정스러운 표정으로 남자를 보며 그의 손등 쪽 손가락을 두드리기 시작합니다. "익숙한 길도 위험해." 남자가 말합니다. "괜찮아. 우리는 늘 함께 다니니까." 여자가 웃으며 말합니다. "우리는 같은 날 죽어야겠네?" "그렇지, 같은 날. 죽을 때 되면 기도하고 같이……. 한 사람이 먼저 가면 남은 한 사람은 너무 괴로울 테니까."

남자는 한 사회복지관에 나가 보행 훈련을 받기 시작합니다. 물론 여자도 함께 나와서 남자가 보행 훈련 받는 것을 유심히 살펴봅니다. 어느 날 복지관 선생님이 여자에게 말합니다. "당신이 남편보다 더 오래 살면 상관없어요. 그런데 사람 일이라는 건 모르잖아요? 남편도 독립적으로 살 수 있도록 해야죠." 그러고는 "다음에는 남편만 보내요. 셔틀버스만 태워서 보내면 우리가 알아서 다 할 테니까요." 다음 날 여자는 남편을 복지관 셔틀버스 타는 곳까지 가서 차를 태워 보냅니다. 마음이 편치 않지만 냉정한 현실을 인정하지 않을 수 없습니다. 남자는 처음으로 아내 없이 차를 타고 어디론가 가보는 겁니다. 복지관에 도착한 차에서 남자가 내립니다. 복지관 선생님이 미리 나오셨기에 별 문제 없이 그날의 보행 훈련을 시작합니다. 그렇게 반나절을 남자와 여자는 떨어져서 지내게 됩니다. 보행 훈련이 끝난 남자가 셔틀버스를 타고 올 때쯤 되어서 여자는 버스 정류장으로 나갑니다. 곧 복지관 버스가 오고, 여자는 남자를 반갑게 맞이합니다. 추운 겨울날이지만 여자는 장갑을 벗고 남자의 손등 쪽 손가락 위를 두드리며 대화를 나눕니다. "오늘 어땠어?" "그림자가 없으니까 이상했지." "당신 탄 차가 횅 가니까 나도 좀 쓸쓸했어." 둘은 걷기 시작합니다. 남자가 말합니다. "옛날에 혼자 남겨졌을 때 난 특히 외로웠었지. 몇 날 며칠 가도 찾아오는 사람 없고, 연락할 데도 없고, 전화 통화도 못 하고." 여자 역시 옛날이 생각났습니다. "사람은 다 외로운 것 같아. 시골에서 살 때 방에서 라디오 듣고 또 마당 구석구석 심어놓은 꽃 보고, 하늘도 보고…… 산도 보고……." 남자는 그래도 이제는 다행이라고 생각합니다. "만약에 자기가 외롭지 않았으면 나 같은 사람하고 살지 못했을 거야." 둘은 서로가 얼마나 외로웠는지 너무나 잘 알고 있습니다. 서로의 사랑은 그곳에서 시작됐습니다. 장애는 사랑이 더해질 때 불편해도 고통스럽지 않고, 외로워도 견딜 만해지는 것입니다.

국내에 얼마나 많은 시청각중복장애인이 살고 있는지 아무도 모릅니다. 한 번도 사회적으로 제대로 실태 파악이 된 적이 없기 때문입니다. 다만 인구 비례로 봤을 때 국내에 약 5,000~6,000명의 시청각중복장애인이 살고 있으리라 추측합니다. 그들이 어디에서, 어떻게 살고 있는지는 잘 모릅니다. 대부분 집 아니면 복지 시설에서 지내고, 외부와의 접촉은 거의 못 하고 있을 텁니다. 그들이 얼마나 외로울지 상상하는 건 어려운 일이 아닙니다. 장애를 갖고 있다는 것, 그것은 살면서 조금 혹은 조금 많이 불편하다는 것뿐일 수도 있지만, 사회로부터, 사람들로부터 단절된다면 장애는 깊이를 알 수 없는 외로움과 고독이 될 수도 있습니다. 장애가 사람을 지독하게 외롭게 만들 수 있다는 것, 그것을 우리는 참 많이 간과해왔습니다. 이제 주변에 장애를 갖고 계신 분들을 돌아볼 때 가만히 한 번만 고민해보는 건 어떨까 싶습니다. '저 분은 얼마나 지독한 외로움 속에서 살아왔고, 또 살고 있을까?' 라고요.

고등학교 시절부터 다큐멘터리 PD만을 꿈꾸었다. 다큐멘터리 PD를 하려면 인문학적 소양이 중요하다고 판단해 서울대학교 동양사학과에 진학했다. 오랜 꿈을 이루어 독립 PD 및 다큐멘터리 감독으로 활동하며 2008년 KBS 수요기획 〈들꽃처럼, 두 여자 이야기〉로 한국PD대상을, 2008년 다큐멘터리 〈신의 아이들〉로 전주국제영화제 아시아영화진흥기구상을, 2011년 다큐멘터리 〈달팽이의 별〉로 암스테르담국제다큐멘터리영화제 장편 부문 대상을 수상했다. 특히 〈달팽이의 별〉은 뛰어난 디테일의 표현이라는 극찬을 받으며 대상을 수상하면서 세계인의 주목을 받았다. 그 후 우리나라, 일본, 영국, 미국 등에서 극장 개봉되었고, 최근 모스크바에서 열린 국제장애인영화제에서 최고상인 그랑프리를 수상했다.

학생도 사람인가? -
학생인권조례가 던진 물음

· 7 ·

홍세화(언론인)

13인의아해兒孩가도로로질주하오.

(길은막다른골목이적당하오.)

제1의아해가무섭다고그리오.

제2의아해도무섭다고그리오.

제3의아해도무섭다고그리오.

……

13인의아해는무서운아해와무서워하는아해와그렇게뿐이모

였소.

(다른사정은없는것이차라리나았소.)

……

이상, 〈오감도烏瞰圖〉 중에서

여기 프랑스 애들은 왜 나를 안 때려?

아내가 가끔 떠올리는 오래된 이야기가 하나 있다. 여섯 살 때 프랑스 땅을 처음 밟은 딸아이가 집에서 가까운 공원에서 또래의 흑인, 백인 아이들과 어울려 놀고 돌아와서는 이렇게 묻는 것이었다. "여기 애들은 왜 나를 안 때려?" 낯섦과 차이가 차별이나 폭력으로 옮겨 가지 않는 사회, 그것을 오히려 신기해하는 아이를 보면서 느꼈던 감정은 안도감만은 아니었다. 아이는 또래의 흑인, 백인 아이들과 말이 통하지 않는데도 잘 놀았다. 배우는_學 것보다 더 중요한 것은 몸에 익히는_習 것이다. 배운 것을 행동에 옮기려면 의지를 필요로 하지만, 습_習은 저절로 이루어지는 것이다. 아이들에게 폭력을 사용하지 말라고 수천 번 가르치기보다 폭력 없는 환경을 만들어주는 게 관건인 까닭이 여기에 있다.

프랑스 아이들, 혹은 청소년들에게 폭력이 없고 문제가 없다는 식의 말을 하려는 것이 아니다. 폭력의 문제는 어디에나 존재하겠지만, 그것에 어떻게 대응하고 극복해가는가 하는 문제는 사회마다 퍽이나 다르다. 폭력에 많이 노출되고, 폭력이 구조화된 사회일수록 교육과 그것이 이루어지는 학교의 역할은 매우 중요하다. 아이들이 배움을 통해 구조화된 폭력의 논리를 따라 그대로 반응하는 수동적 주체에서 벗어날 수 있게 해주는 것이 교육이어야 하기 때문이다.

사이버 세계든 현실 세계든 온통 폭력에 노출되어 있는 우리 아이들에게 배움터인 학교만큼은 폭력에서 벗어난 공간이 되어야 하는 것은 당연한 바람이다. 그러나 이 당연한 이야기조차 그것이 실현되는 것은 순탄한 일이 아니다. 한 예로 2010년 8월 19일, 곽노현 서울시 교육감이 2학기부터 서울 지역 초·중·고교 체벌 규정을 삭제하고 9월 안으로 체벌 대체 방안이 포함된 학생생활규정을 만들라고 일선 학교에 지시한 적이 있었다. 이 자리에 참석했던 교장 중 30여 명은 반발하여 자리를 뜨기도 했는데, 곽 교육감은 "체벌 금지는 10년 이상 논쟁을 거듭해온 만큼 이제 찬반 토론의 대상이 아니다"라면서 그동안 '뜨거운 감자'에 속했던 이 문제에 쐐기를 박았다.

일부 교장이 반발하는 것은 오랫동안 몸에 밴 국가주의 교육의 반영이라 하겠지만 문제가 간단치 않은 것은 일선 교사들의 반발과 저항이 만만치 않았다는 점으로도 알 수 있다. 심지어는 스스로 진보적이라고 믿는 교사 중에도 "체벌은 폭력이 아니"라는 주장을 펴기도 했다. 몇몇 문제학생들 때문에 수많은 학생들에게 피해를 줄 수 있다면서 교실 통제와 질서 유지를 위해서도 최소한의 체벌이 필요하다는 것이다. 심지어 '사랑의 매'를 운운하기도 했는데 (이는 물론 지금도 마찬가지다), 이는 유럽 나라들에서는 물론 이웃 일본에서도 볼 수 없는, 지극히 한국적 현상의 하나다.

우리가 근대식 학교와 만난 역사는 길지 않다. 관립소학교가 1894년, 관립중학교가 1900년에 처음 설립된 것을 돌아보면 알 수 있듯이, 근대식 초·중·고교가 정형화된 것은 일본 제국주의 시절이었다. 병영을 본뜬 학교 구조(운동장-연병장, 교단-사열대, 수위실-위병소)나 교장 임용 제도나 모두 군국주의 일본 왕에게 자발적으로 복종하는 신민을 길러내기 위한 국가주의 교육을 관철하려는 것이었다. 군국주의 일본 치하의 식민지 백성 교육에서 철저히 배제한 것이 있었으니 바로 자율성이다. 식민지 노예 백성인데 매(체벌)로 다스리면 되지 자율성이 가당키나 했겠는가.

체벌의 역사는 이렇듯 긴 뿌리를 지니고 있다. 1948년에 민주공화국이 선포되었지만 일제 부역 세력이 계속 이 땅을 지배하면서 국가주의 교육 구조의 틀은 그대로인 채 경쟁만 중시하는 시장주의가 결합하여 오늘에 이르렀다. '대한민국이 민주공화국'이라면 대한민국의 공교육의 일차적 소명은 대한민국 국민을 민주공화국의 주체로 형성하는 일임에도 그 소명이 배반당했듯이 자율성은 여지없이 실종되었다. 학생들 스스로 지킬 학칙이나 생활 규정을 만드는 데 학생들이 주체로 참여할 수 있는 자율성은 배제한 채 체벌이 21세기에 한국의 학교에 완강하게 자리 잡게 된 배경의 하나다.

다시 말해, 한국의 학교는 민주공화국의 주체를 형성하는 장소가 아니다. 교장과 교사가 민주공화국의 주체가 아닐 때 학생들을 민주공화국의 주체로 형성하지 못하는 것은 당연하다. 교사들이 교장의 관리 통제의 대상에 머물 때, 학생들을 관리 통제해야 한다는 강박이 자리 잡고 폭력에 의존하면서 학생 인권에 무감각해진 것은 아닐까. 무슨 문제든 폭력으로 해결한다는 발상 자체가 폭력적인 것이고 학교 교육의 무능함을 폭로하는 것임에도 말이다.

체벌 없이는 교실 통제가 안 되고, 질서가 지켜지지 않는다는 말은 정말 가당키나 할까? 그렇다면 다른 나라들은 체벌 없이 어떻게 교육이 이뤄지는지 살펴봐야 하지 않는가. 나아가 그렇게 체벌의 효용성을 완강히 고집하고 질서와 통제를 강조하는 한국의 교실이 다른 나라들의 교실에 비해 무질서하고 통제되지 않는 이유는 무엇인가? 그것의 가장 중요한 차이는 학생들에게 자율성을 주고 있는가 아닌가에 있다. 그것이 아니라면 한국의 학생들이 특별히 (인종적으로) 더 폭력적이고 더 무질서하다는 것이 입증되어야 하지 않는가.

학교라는 차별의 감옥─완장 찬 교육 권력자들

한국에서의 학교는 폭력으로부터 벗어난 곳이 아니라 사회의 구조적 폭력을 고스란히 내면화하고 있는 장소다. 지난해 6월 프랑스의 레지스탕스 출신 스테판 에셀Stéphane Hessel, 1917~의 책 《분노하라》가 한국에도 번역되어 인구에 회자된 적이 있다. 그 한 달 전 무렵 《한겨레》 1면에 실린 서울 지역 한 고등학교의 '성적 카스트' 기사를 읽으면서 나는 이 "분노하라!"를 떠올리지 않을 수 없었다.

전교생을 '알짜(1~50등), 예비(51~100등), 잉여(101등 이하)'로 구분한다는 기사를 혹시 기억하는지. "이것은 교육이 아니다"라는 탄식을 넘어 "이것이 인간인가"라는 물음을 던져야 할 지경에 이르렀음을 뼈아프게 실감했다. "교육의 목표는 인간을 형성하는 데 있다"라거나 "학교는 더

불어 사는 법을 연습하는 곳"이라는 말은 특히 경쟁과 효율성을 '실용'으로 포장해온 이명박 정권에 이르러 완전히 실종되어버린 것이다. 학교가 학생을 선택하여 '알짜'에만 집중하여 특별반을 편성하고 각종 특혜, 심지어는 교사 선택권까지 주고, 나머지는 '예비'하거나 '잉여'로 내버리는 현실, 성적에 따라 자율학습실과 기숙사 자격을 주고, 좌석 배치는 물론 사물함, 책상 크기, 컴퓨터 설치 등 각종 학습 환경에서까지 차별하며, 성적 우수자에게만 토론 대회 참가 자격을 부여하는 일이 버젓이, 다른 곳이 아닌 학교에서 벌어지고 있다. 이미 학교가 아니다! 이런 학교에서 학생들은 지독한 '지적 인종주의'를 학습하여 차별과 억압을 내면화하고 지적 인종주의에 의해 선택되지 않으면 사람대접을 받지 못하는 것을 당연하게 받아들일 것이다.

초등학교 6학년, 중학교 3학년, 고등학교 2학년 학생들을 대상으로 치러지는 일제고사도 마찬가지다. 교육 과정과 교수·학습 방법 개선, 교육 정책 수립을 위한 기초 자료 마련, 평가 방법 발전 등을 목적으로 내세우지만, 차라리 모든 학생과 학교를 줄 세우기 위한 것이라고 말해야 솔직하다. 학생들은 국어, 수학, 영어 등 과목별로 우수학력, 보통학력, 기초학력, 기초학력 미달의 4단계로 분류되고, 각 학교는 응시 현황과 교과별 성취 수준을 보통학력 이상, 기초학력, 기초학력 미달의 3단계로 나눠 공시한다. 모든 학생과 학교를 단계로 분류하고 줄 세우는 것, 이것이 궁극의 목적이 아니라면, 1~3퍼센트의 학생을 대상으로 한 표집 학업 성취도 평가로도 충분한 일을 전체 학생 대상의 일제고사를 치르는 이유가 과연 무엇이겠는가.

일제고사에 대한 이명박 정권의 교육 관료들의 완고한 집착에는 완장 찬 교육 권력자들의 마초적 즐거움이 중요하게 작용하는 게 아닐까 하는 의심을 하게 된다. 그렇지 않다면 일제고사가 되살아나면서 평균 까먹는 학생들 배제하기, 성적 조작, 토·일요일 등교시키기, 문제 풀이식 획일적 수업 등 반교육적 행위들이 빈번히 벌어지는데도 '나 몰라라' 하는 그들의 태도를 이해할 수 없기 때문이다. 이들은 자신은 열외에 있으면서 다른 사람들을 타자화·대상화하여 분류하고 지시하고 줄 세우는 권력을 누리면서 즐긴다. 일제고사 지시에 따르지 않았다고 교사를 파면하고, 학생에겐 불이익을 강제하며, 심지어 학생 평가를 토대로 교사들에 대한 성과급을 학교별로 차등 지급하는 치졸한 짓을 서슴지 않는다. 레바논 출신 미국 사상가 칼릴 지브란_{Kahlil Gibran, 1883~1931}은 인간의 가치는 그것을 수치화하는 것보다 더 낮게 평가될 수 없다고 했는데, 한국의 교육과학기술부 관료들이 인간과 교육을 바라보는 시각은 몇 푼의 돈으로 교사와 학교를 저울질하는 수준을 맴돌고 있다. 이들에게 올바른 공교육을 주문한다는 것 자체가 어불성설이다. 이쯤 되면 바람은 다른 곳에서 불어와야 마땅하다. 학교가 사회적 모순의 축소판이요, 그것을 확대·재생산하는 곳이라면.

학교, '괴물'과 '죽음'의 탄생

더구나 언론에 비친 대로만 말한다면, 학교는 말 그대로 폭력의 온상이다. 얼마 전 대구와 광주의 중학생을 자살로 내몬 학교 내 집단 폭력 문제로 언론이 한바탕 부산을 떨었다. 경찰은 즉각 '학교 폭력과의 전쟁'을 선포했고, 2011년 12월 28일에는 교육과학기술부 장관이 참석한 가운데 시·도교육감협의회가 열려 대책을 논의했다. 이후 이들이 내놓은 대안이란 것은 개별 학교의 책임성 강화였다. 피해자 신고와 삼자 고발을 장려하고, 가해자 처벌을 강화하며, 이를 부실하게 처리한 학교에 행정적 불이익을 주겠다는 것이 골자다. 한마디로 가해자를 엄격히 격리해

해결하자는 사후 처벌 강화 방안이다. 하지만 학교 자체가 사회적 모순의 반영인 폭력을 구조화한 장소이고, 차별과 배제가 교육의 원리로 작동하고 권장되고 있는데 개별 학교의 책임성을 강화하고 가해 학생을 처벌하는 것으로 학교 폭력을 막을 수 있다고 생각하는 것, 번지수가 한참 빗나간 처방이다.

아이들을 '괴물'로 만들고 있는 폭력성의 원인은 무엇일까? "사람은 어렸을 때 형성된다"라고 했다. 우리 아이들은 인간으로서 가장 본능적인 욕구조차 억압당하면서 살고 있다. 학교가 끝나면 학원 가느라 저녁도 제대로 먹지 못하고 인스턴트식품으로 때운다. 1998년의 IMF 환란 이후 본격적으로 시작된 정리해고 사태 후부터 지금에 이르기까지 노동자들의 절반이 비정규직이 된 현실에서 가족 생계의 불안은 맞벌이 가정을 급속히 확산시켰고, 가정의 교육 기능 상실은 되려 사교육 시장의 덩치를 키워놓았다.

장래에 대한 불안과 절망은 참된 교육 없는 교육 불평등의 심화 속에서 폭력과 차별로 나아갈 수밖에 없다. 학교 교육이 더는 계층 상승의 사다리로 작동하지 못하는 현실에서 가난한 집안의 아이들은 절망부터 배운다. 소득 1분위 가구와 10분위 가구의 사교육비 지출 격차가 열 배가 넘는 현실에서, 대학은 물론 고등학교까지 서열화된 현실에서 가난한 집 아이들은 학교 교육에 아무것도 기대하지 않는다. 아이들은 학교가 민주주의의 공간이기는커녕 자신의 삶에 아무런 희망도 가져다주지 못하는 무의미한 공간이라는 것을 이미 알고 있다. 90퍼센트가 넘는 아이들이 부모나 교사가 듣지 않는 공간에서 주고받는 험한 욕들은 자신들이 터득한 절망의 현실을 반영하는 것일 뿐이다. 알다시피 경제협력개발기구OECD 국가 중에서 한국의 청소년 자살률은 1위다. 지금은 식민지 시대 시인 이상이 그린 〈오감도〉의 세계보다 훨씬 암울한 시대인 것이다.

　더는 거짓말이나 거짓 위안으로 사태를 호도해서는 안 된다. 학교 폭력을 중범죄로 다스리고 절망 속에서 터져 나오는 비명과 몸부림마저 틀어막겠다는 발상은 큰 폭력(국가폭력)으로 작은 폭력을 막겠다는 폭력적인 발상에 불과하다. 사람은 누구나 궁극적으로 자기 몸이 놓이는 자리에 관심을 갖는다. 그것은 배움의 과정에 있는 청소년도 마찬가지다. 누군들 우리 몸이 놓이는 모든 자리에서 인간의 존엄성이 충족되길 바라지 않겠는가? 그러나 지금 우리 아이들의 몸은 교육이라는 이름으로 행해지는 차별과 배제의 논리와 구조에 의해 상호 존중은 물론이고 자기 존중의 길 찾기마저 불가능한 상황에 처해 있다. 교육에 '경쟁과 효율성'이라는 시장의 잣대를 들이대고, 획일적인 일제고사 실시를 강제하고, 각종 계량적인 평가로 상벌로 길들이기를 시도하고, 자율형 학교다 기숙형 학교다 하여 차별화로 살벌한 줄 세우기 전쟁터가 된 교육 현장에서 학생들은 힘과 질서에 복종하고, 소수자와 약자를 배제하고, 다름을 거부하도록 배운다.

이 절망과 죽음의 행렬을 어떻게 멈춰 세울 수 있을 것인가. 그것은 인권 존중에서부터 시작될 것이다. 상대의 처지에서 생각하고 느끼도록 하는 인권감수성이 자랄 수 있기 위해서는 교사와 학생, 학생과 학생이 서로 존중하고, 다름을 인정할 수 있는 인권의 규칙들이 학교라는 공간 안에 마련되는 길밖에는 없다. 이를 위한 실마리가 '학생인권조례'다.

민주주의가 도달할 수 없는 완성을 향한 끝없는 여정이고 우리의 부단한 실천을 요구하는 까닭은 우리 몸이 자리하는 삶의 모든 현장, 곧 집터·일터·배움터에서 우리 모두가 주인이 되어야 하기 때문이다. 학생들의 배움터이며 교사들의 일터인 학교가 민주적인 공간이 되려면 학교를 구성하는 주체들이 서로를 독립된 인격으로 상호 존중하는 관계로 형성되지 않고서는 근원적으로 가능하지 않다. 학생들을 독립적인 의지와 인간 욕구를 지닌 한 사람의 인격체로 보지 않고 훈육과 통제의 대상이라 여기는 한 학교는 인권 존중에 기반을 둔 민주적인 공간이 될 수 없다.

'학생 인권'이란 말은 무엇보다 한국 교육의 비민주성에 대한 반성에서 나온 말이다. 학생 인권이 이른바 교권과 충돌한다고 보는 일부 주장이 있다. 그것은 우리 근대 교육이 군국주의 일제 강점기에 뿌리내린 역사 과정을 인식하지 못한 데서 온 단견에 지나지 않는다. 교사들이 자기 일터인 학교에서 주인 되기를 바랄 때 먼저 해야 할 일은 권위적, 관료적 공간으로 남아 있는 학교를 민주적 공간이 되도록 하는 일로서 그것은 학생 인권 신장과 같은 선상에 있다. 내가 존중받을 때 남을 존중하듯이, 내가 복종할 때 남에게도 복종을 요구하는 법, 억압에 맞서기보다 복종을 내면화한 교사일수록 교권을 내세워 학생들에게 복종을 강요하는 게 아닌지 되돌아봐야 할 것이다. 학생 인권이란 말 자체에 알레르기 반응을 보이고 교권이란 것에 매달리지만 이 둘은 결코 따로 존재할 수 없다. 교권을 주장하는 교사들이 교권을 들이대야 하는 대상은 학생

인권이 아니라 우리네 학교에 찌든 권위주의, 관료주의 문화다. 독립적인 인격체로서의 권리가 보장되지 않은 존재들에게 받는 존경과 복종을 통해서만 유지되는 교권이란 지켜질 만한 가치가 없는 것이다. 그 같은 교권만 살아 움직이는 학교가 계속 유지되어야 할 까닭 또한 없다.

서울시 학생인권조례안이 탄생하기까지
─아직 끝나지 않은 싸움

시민의 힘으로 서울학생인권조례 제정을 발의할 수 있도록 청구인 명부 작성을 시작한 게 2010년 10월 27일이었다. 시민들에게 널리 알려지지 않은 탓이 컸겠지만 서울시 투표권자의 1퍼센트인 8만 2,000여 명 이상의 서명을 받아야 하는 6개월 법적 시한인 4월 26일까지는 그야말로 피 말리는 시간의 연속이었다. 게다가 4월 3일까지 취합된 서명자 수는 3만 명도 채 되지 않았다. 자칫 6개월간의 노력이 허사가 될 판이었다. 수구 세력의 "너희들, 목소리만 클 뿐, 역시 무능해!"라고 비아냥대는 소리는 집어삼킨다 해도 '우리가 바라는 사회는 남이 대신 마련해주지 않는다. 우리 자신이 만들어간다'는 믿음을 가진 주체적 시민들의 직접민주주의 시도가 수포로 돌아갈 것을 생각하니

참담한 심정이었다.

광신자들보다 더 열성적인 사람들은 없다. 광신자의 뒤를 이어 열성적인 사람은 극우 세력과 사익 추구 집단이다. 광신과 극단주의, 그리고 사익 추구는 그 자체에 열성이 담겨 있는 반면, 인권과 민주주의, 공익과 사회 정의는 그 안에 열성이 담겨 있지 못하다. 우리가 인권과 민주주의, 공익과 사회 정의를 지향할 때 그 자체에 담겨 있지 않은 열성을 의지로 결합시켜야 하는 이유인데, 이는 적극적인 참여와 실천이 깨어난 민주 시민의 징표가 되는 까닭이기도 하다.

다행히도 2011년 12월 19일 학생인권조례안이 서울시 의회 본회의를 통과했다. 시민들의 자발적 발의에 의한 학생인권조례안 제정은 투표권이 없는 다음 세대들을 위해 기성세대들이 앞장섰다는 점에서 '내 자식 이기주의'를 벗어난 '세대 간 연대'의 멋진 예로 기록될 것이다.

그러나 힘겹게 얻은 이 소중한 결실에 대해 벌써부터 보수 기독교 단체의 악의적인 폄훼는 물론이고 교육과학기술부까지 나서 재검토를 운운하더니 이대영 서울시 교육감 권한대행이 서울시 의회에 재의再議를 요청하기에 이르렀다. 이에 따라 오는 3월 새학기부터 서울 지역 모든 초

·중·고교에 적용될 예정이었던 학생인권조례 시행이 당분간 어려운 처지에 놓이게 되었다.

유엔인권고등판무관실 중동아주국 대표가 2011년 1월 3일 서울시의회 허광태 의장을 비롯해 이주호 교육과학기술부 장관, 이대영 서울시 교육감 권한대행에게 서울 학생인권조례를 통과시킨 시의회의 노고를 치하하는 공식 서한을 보내기까지 했던, 그리고 유엔인권고등판무관실이 "학생인권조례가 학생 체벌을 금지하고 사생활, 표현의 자유, 양심과 종교의 자유에 대한 권리를 보장하고 성적 지향 등 다양한 사유로 행해지는 차별을 금지하는 조항을 포함하고 있다는 사실이 매우 고무적이다"라며 "학생인권조례 제정에 대한 국제적인 지지가 확인되는 가운데 서울교육청이 조례에 대해 재의 요구를 하면 국제적인 망신을 살 것"이라고까지 했던 사안이 부패하고 권위적인 사학재단의 이익을 대변하는 단체들과 교육을 무한 시장 경쟁의 논리로 바꾸려는 교육 관료 집단에 의해 또다시 좌초될 위기에 처한 것이다.

선진국은 물론이요 방글라데시까지 법률로 체벌이 금지되고 학생 인권이 보장되고 있는 현실에서 G20 정상회의 의장국 한국의 시계는 어디로 가고 있는 것인가. 진보 인

사라고 하기 힘든 반기문 총장까지 나서 "양심을 가진 인간으로서 우리는 특별히 성적 지향과 성적 정체성을 이유로 한 차별을 거부합니다. 문화적 태도와 보편적 인권이 대립할 때는 보편적 인권이 반드시 우선되어야 합니다"라고 지지했건만.

학생인권조례안을 한마디로 요약한다면, "학생도 사람인가?"라는 물음이며 그에 대한 "그렇다!"란 대답이다. 바꾸어 말해, 청소년(학생)을 하나의 온전한 인격체로 인정할 것인가 말 것인가에 관한 것이다. 학생인권조례안이 오히려 '학생 인권을 무시하는 처사'라거나 동성애 차별 금지가 '급진적인' 일부 좌파의 견해라는 주장 앞에서 말문이 막히지만, 이 조례안은 몇 가지 단서 조항 때문에도 헌법의 정신을 충분히 반영하지 못한 '타협'의 산물이다.

학생인권조례가 학교 폭력을 조장한다는 억지가 여전히 통하는 현실 앞에서 우리는 긴장의 끈을 놓쳐서는 안 된다. 최근까지 학교 폭력으로 학생들이 잇따라 자살한 대구의 경우 인권조례 제정이 아예 논의조차 되지 않고 있다. 학생을 인권의 주체로 보기보다는 통제와 규율의 대상으로 여기는 억압적 분위기가 오히려 극단적 폭력을 조장했다고 해도 틀린 말이 아닐 터인데 이에 대해 수구 언론들은 입을 다물거나 학생인권조례안이 학교 폭력을 조장한다는 논리를 열심히 전파한다.

서울학생인권조례가 발효되면 동성애가 늘고 청소년들이 성적으로 문란해지리라는 주장은 근거 없으며, 논리의 비약이 아닐 수 없다. 이것은 비유하자면 "경찰서가 필요해 경찰서 짓자고 하니까 경찰서 지으면 도둑이 증가할 것이다", "병원이 필요해 병원을 짓자고 하니까 병원을 지으면 병자가 확산될 것이다"라는 주장과도 같다. 경기도와 광주광역시에서 이미 학생인권조례를 시행하고 있지만, 성 소수자나 임신, 출산 학생이 늘었다는 이야기는 들어보지 못했다.

학생인권조례가 성공적으로 정착하도록 학생, 교사, 학부모 등 교육 주체들의 노력이 중요하다. 무엇보다 지도감독 권한을 가진 서울시교육청은 학생인권조례안에 대한 재의 요구를 즉시 철회하고 오히려 효율적인 집행을 위하여 시행 규칙의 제정, 집행 조직의 구성, 학생인권조례 해설집의 발간, 학생인권조례 실천 매뉴얼의 작성, 학생인권조례의 조속한 정착을 위한 학교 환경의 조성 및 그 지원 등을 위한 제반의 업무를 신속하게 추진해야 할 것이다.

두말할 것도 없이 학생인권조례는 학생에게 방임을 보장하는 것이 아니다. 인간의 존엄성을 배우고 실천하며, 서로를 존중하도록 하는 헌장이다. 자치와 참여를 통해 스스로 규율하도록 하는 규범이기도 하다. 인권조례에 따르는 학생 지도 방안의 뼈대 역시 상담과 자율 규제다. 인권 유린을 견디다 못해 목숨을 끊은 아이들을 생각해서라도 인권조례는 시급히 시행돼야 하지 않겠는가.

홍세화

1979년 3월 무역회사 해외 지사 근무 차 유럽으로 갔다가 '남민전' 사건이 터져 귀국하지 못하고 파리에 정착했다. 이후 관광 안내, 택시 운전 등 여러 직업에 종사하면서 망명 생활 중 1995년 자전적 고백 《나는 빠리의 택시운전사》를 발간했다. 2002년 귀국해 현재 《르몽드 디폴로마티크》 편집인, '학벌 없는 사회' 공동대표, 마포 '민중의 집' 공동대표, '진보신당' 대표로 있다. 저서로는 《나는 빠리의 택시운전사》 《악역을 맡은 자의 슬픔》 《빨간 신호등》 《쎄느강은 좌우를 나누고 한강은 남북을 가른다》 《생각의 좌표》 등이 있다.

자신이 좋아하는 유명한 사람이 맞팔해주기를 원하십니까?
그럼 맞팔해달라고 하지 마세요. 대신 칭찬을 해보세요.
칭찬은 고래도 팔로잉하게 만듭니다.

03

SNS 시대와 청소년의 사회 참여

고재열·손석춘·고성국·우석훈·최병성

흔히 SNS 시대라고 하지요. 적극적으로 자신이 알고 있는
정보와 진실을 이웃과 소통해가야 합니다. 진실을 왜곡한
언론에 대해서도 친구들에게 적극 알려야 합니다. 그래야
그 언론들이 함부로 왜곡할 생각을 못 하겠지요.

소셜미디어, 지금 어디까지 왔나?

· 8 ·

고재열(시사IN 문화팀장)

일단 성적표부터 살펴보자. 현재 트위터 이용자 숫자는 550만 명 내외로 추산하고 있다. 페이스북 역시 비슷한 수의 이용자를 확보하고 있다. 1,000만 명이 넘는 숫자다. 이는 국내 10대 일간지 발행 부수(구독 부수가 아니라)를 전부 합친 숫자보다 많다. 방송 3사의 주요 뉴스 시청률을 능가하는 수치다. 바야흐로 뉴미디어가 출연한 것이다.

소셜미디어는 덩치만 큰 것이 아니다. 소셜미디어 전에 온라인 이슈의 중심에는 다음 아고라가 있었다. 트위터는 아고라에 비해 질적으로도 개선되었다. 아고라는 반쪽이었다. 촛불 집회를 계기로 활성화되었기 때문에 정부 비판적인 담론이 주로 펼쳐졌다. 압도적이었다. 반면 트위터는 충분히 균형을 맞추고 있지는 못하지만 양쪽의 의견이 소통되고 있다.

중요한 것은 플레이어가 누구냐 하는 것이다. 아고라나 블로그의 플레이어는 '마니아'였다. 해당 분야에 관심이 많은 일반인이 주로 논쟁의 중심에 섰다. 주류 미디어가 코리안시리즈였다면 이곳은 조기 축구였다고 할 수 있다. 물론 이 조기 축구회는 '미네르바'라는 걸출한 스타플레이어를 배출하기도 했지만 언더그라운드 혹은 2부리그나 마이너리그 정도의 취급밖에 받지 못했다.

그런데 소셜미디어는 다르다. 정치인, 경제인, 기업인, 연예인, 스포츠인, 전문가 등 유명인이 대부분 들어와 있다. 비록 모양은 조기 축구지만 그 안에 박지성, 박주영, 이청룡, 기성룡이 뛰고 있는 것이다. 이것을 경기장이 허름하다고 해서 조기 축구라고 치부할 수 있을까? 여기에 주류 미디어에 종사하는 기자, PD, 아나운서의 대부분이 참전해 있는데?

더 중요한 것은 속도다. 소셜미디어는 빠르다. 주류 미디어가 감당할 수 없을 정도로 빠르다. 주류 미디어가 기사화를 위한 최소한의 검증 과정을 거치는 동안 소셜미디어에서는 이미 전파되어버린다. 주류 미디어 정규군은 소셜미디어 게릴라들을 속도전에서는 도저히 따라잡을 수 없다. 빠르다는 것은 이슈의 프레임을 소셜미디어가 결정한다는 뜻이다. 풀어서 말하자면 소셜미디어가 이슈를 선도하는 이슈의 청담동이 된 것이다.

'쌍방향 소통'에서 '삼방향 소통'의 시대로

트위터를 30개월 정도 했다. 그간 16만 명이 넘는 팔로어를 모았다. 흔히 말하는 '파워 트위터러'로 꼽히기도 한다. 이쯤 되면 '내가 해봐서 아는데……'라고 말할 수 있어야 하는데, 트위터는 아직도 새롭다. 이곳은 하나의 생태계다. 생태계이기 때문에 끝없이 진화한다. 그 진화하는 모습이 다채롭다.

미디어를 전공하고, 미디어에 종사하면서, 미디어에 대해 취재하는 기자로서, 트위터의 미디어적 성격에 관심을 갖고 지켜보았다. 인터넷이 이메일과 댓글·덧글을 통해 매스 미디어의 일방향 소통을 쌍방향 소통으로 진화시켰다면 트위터는 쌍방향 소통을 다시 '삼방향 소통'으로 진화시켰다. 소통의 패러다임이 바뀌었다.

고전적인 의미의 '착한 소통'은 쌍방향 소통이었다. 매스

미디어에 의해 일방적으로 전달되는 '나쁜 소통'과 구별되는 이 '착한 소통'은 인터넷을 통해 구현되었다. 기자 이메일을 통해 피드백을 할 수 있게 되었고 기사 밑에 댓글과 덧글을 달아 토론할 수 있었다. 소셜미디어를 통한 소통은 여기서 한 발짝 더 나아간다. '삼방향 소통'이라고 할 수 있을까?

'삼방향 소통'을 조금 풀어서 말하면 이렇다. 트위터에서는 유명인뿐만 아니라 일반인도 얼마든지 뉴스 생산자가 될 수 있다. 만약 길을 가다가 경찰차와 소방차와 구급차가 삼중 추돌한 모습을 보고 사진을 올린다면 그날의 '특종 트위터러'가 되고 있고, 정치인들의 꼴불견 행태를 보고 "정치인들은 불의는 참아도 불이익은 못 참는다면서요?"라고 올린 코멘트가 무수히 전달된다면 '트위터 논설위원'이 될 수 있다.

누구나 뉴스와 이슈의 생산자가 되고, 유통자가 되고, 소비자가 되는 '삼방향 소통'이 이뤄지고 있다. 만인 대 만인의 소통이 이뤄지고 있는 셈이다. 이 소통의 뉴런이 되는 것이 바로 스마트폰과 소셜미디어다. 트위터에서 뉴스 소비자는 단순한 소비뿐만 아니라 뉴스의 생산과 유통에도 관여하게 된다. 시민기자제를 두었던 《오마이뉴스》는 창간하면서 "모든 시민은 기자다"라는 명제를 내걸었는데 이제 "모든 시민은 미디어다"라고 말할 수 있게 되었다. 이 소통의 뉴런은 우리 사회를 움직이는 사회적 '근육'이 된다.

트위터 이용자들은 이 '힘없는 자의 말'을 함께 전달한다. 유명인이 전달해서 이슈가 되는 것이 아니라 좀 더 많은 사람이 전달한 글이 이슈가 된다. 마치 〈슈퍼스타K 2〉의 허각이, 〈슈퍼스타K 3〉의 울랄라세션이 낙하산으로 우승자가 된 것이 아니라 좀 더 많은 사람의 문자 투표와 ARS 투표를 얻어 챔피언이 되었듯, 다중의 의지가 이슈를 만드는 것이다. 일종의 '이슈의 패자 부활전'이 일어나는 셈이다.

미디어 '이전', 그 '이상', 그리고 '이후'의 미디어

이렇게 뉴스의 생산과 유통과 소비를 함께 하면서 미디어로서 진화하면서 트위터는 '미디어 이전의 미디어' '미디어 이상의 미디어' '미디어 이후의 미디어'로서의 모습을 보여주고 있다. 그동안 '성장'만 하던 미디어가 트위터라는 소셜미디어를 통해 '성숙'하고 있는 것이다. 이것은 분명 미디어의 진화다.

'미디어 이전의 미디어'라는 것은 트위터의 속보성을 일컫는 말이다. 이런 식이다. 신라호텔 뷔페식당에서 한복을 입은 사람은 출입을 제한한다는 것이 트위터를 통해 알려졌다. 트위터에서 이슈가 되자 호텔의 사장은 신문·방송·포털사이트 등 기성 언론에 보도되기 전, 오직 트위터에서만 이슈가 된 상황에서 서둘러 사과를 결정했다. 기성 언론은 트위터를 통해 벌어진 일의 결과만을 보도할 수 있었다.

트위터가 '미디어 이상의 미디어'라는 것을 보여주는 것은 뉴스가 대중의 호기심 혹은 관음증을 충족하기 위해 금도를 넘을 때 이를 제어하는 역할을 할 때다. 야구 선수와 사귀던 여성 아나운서의 자살 소식에 누리꾼들이 섣부른 정의감으로 상대 야구 선수에게 악플을 다는 것에 대해 경고했다.

트위터는 뉴스의 이면을 알려주기도 한다. 주류 미디어가 노동자들의 파업에 대해 경제 손실만을 얘기할 때 트위터의 전문가들은 미디어의 일방적 보도 태도를 성토하며 노동 현실을 고발한다. '미디어 이상의 미디어'로서, 여론의 올바름을 고민하는 미디어가 된 데에는 파워 트위터러들의 공이 크다. 그들은 선동하는 것이 아니라 선동에 이용당하는 것을 경고하면서 여론의 '성숙'을 이끌어냈다.

'미디어 이후의 미디어'로서의 기능은 뉴스 이후를 고민

한다는 점이다. 트위터를 통해 구미시의 단수 사태가 이슈화되면서 미디어들도 따라서 이를 보도하기 시작했다. 그러자 트위터는 그 이후를 고민했다. '구미시 물공급 모임'을 만들어 급히 물을 공수했다. 미디어가 해결하지 못하는 'so what'에 대한 답을 준 것이다. 언론이 보도할 때 트위터는 행동한다.

소셜미디어를 견제하는 기성 미디어

미디어의 핵심 기능은 '의제 설정 기능'이다. 우리 사회에 중요한 현안이 무엇인지, 그 현안은 어떻게 풀려야 할지에 대한 좌표와 방향을 미디어가 제시해준다. 이는 선장의 역할과 비슷하다. 선장의 첫 번째 역할은 배의 위치를 정확히 파악하는 것이고, 두 번째 역할은 배가 가야 할 방향을 제시하는 것이다. 그런데 기성 미디어가 소셜미디어에 이 '의제 설정 기능'을 빼앗기고 있다.

그러자 기성 미디어는 소셜미디어를 괴담 유포의 주범이라고 공격했다. 허무맹랑한 괴담이 스마트폰과 SNS(소셜네트워크서비스)를 타고 무한 유포되고 있다는 것이다. 정말 그럴까? 역사를 되짚어보자. 연산군 시절에는 임금이 대비를 죽였다는 것이 괴담이었다. 일제 강점기에는 독립군이 만주에서 일본군을 몰살했다는 것이 괴담이었다. 군부 독재 시절에는 광주에서 군인이 시민을 죽였다는 것이 괴담이었다. 이것이 괴담이었나? 언론가 막힐 때 때로 진실이 괴담의 외투를 입고 세상에 나오기도 한다.

괴담을 걱정하는 자들은 괴담을 누가 유포했는지, 어떻게 유포되었는지에 주목한다. 그러나 괴담은 꽃일 뿐, 뿌리가 될 수 없다. 뿌리를 봐라. 대중이 왜 그런 이야기를 하는지를 살피지 않으면 괴담 트라우마를 결코 극복하지 못할 것이다. 열린사회는 비판에 대한 맷집을 요구한다. 권력과 재력을 가진 자들은 태산과 같은 진중함으로 대중을 대해야 한다.

소셜미디어로 그리는 소셜디자인

자, 이제 관건은 이 소셜미디어를 어떻게 활용하느냐 하는 것이다. 이 부분도 '기적의 책꽂이'라는 개인적 경험을 통해 이야기하려고 한다. 정확한 통계를 내보지는 않았지만 트위터로 진행한 '기적의 책꽂이' 프로젝트를 통해 대략 10만 권 정도의 책을 모은 것 같다. '남는 책을 모아 꼭 필요한 곳에 전달하자'는 취지에 많은 트위터 이용자들이 동참해주었다. 한 권의 책은 티끌이었지만 모이니 금세 태산이 되었다.

'기적의 책꽂이' 프로젝트는 소셜네트워크서비스를 활용
한 기부·봉사 프로그램답게 세 가지 원칙을 세웠다. 조직과
시설과 자금 없이 해보자는 것이었다. 누구도 이 조직을 대
표하지 않고, 어떤 조직 구조도 두지 않고, 어떤 특별한 시
설도 구축하지 않고, 어떤 고정적인 자금도 모으지 않고 그
때그때 필요한 조직과 최소한의 시설을 구축해 필요한 최
소한의 비용으로 진행하자는 것이었다.

그렇게 문제를 풀어나갔다. 마치 원하면 무엇이든 내주
는 도깨비방망이 같았다. 트위터를 통해 모인 수백 명의 자
원봉사자들이 모여서 책을 모으고, 분류하고, 전달하는 작
업을 해주었다. 시설은 트위터를 통해 남는 공간을 기부받
아서 활용할 수 있었다. 필요한 자금 역시 아름다운재단의
소셜펀딩 플랫폼 '개미스폰서'를 통해 모았다. 그렇게 모은
700만 원으로 연말에 북콘서트, '모두를 위한 책장'을 멋지
게 성공시켰다.

지방 곳곳을 돌아보니, 소규모 도서관을 만들겠다는 곳
은 많았다. 하지만 가보니 시설도 제대로 안 되어 있고, 시
설이 되어 있으면 책이 없고, 책이 있어도 보충이 안 되어
낡은 책뿐이었다. 우리 아이들의 미래에 먼지가 앉아 있었

다. 도서관과 서점은 멀어서 가기가 쉽지 않았다. 그런 곳에 기적이 필요했다.

'기적의 책꽂이' 프로젝트를 해보고 내린 결론은 100만 권의 장서를 보유한 '도서관' 한 곳보다는 1,000권의 책이 있는 '도서방' 1,000곳이 훨씬 효과적이라는 것이었다. 내 방을 우리의 방으로 확장시킨 '도서방'이 많아지면 꿈을 나눌 수 있을 것 같았다. '기적의 책꽂이'에서 1,000권 정도의 책을 전달한 '도서방'이 벌써 50곳이 넘었다. 1,000곳까지 '고고싱' 하려고 한다.

2012년에는 '빈방장학금' 프로젝트를 해보려고 한다. 대학 신입생 중에 자취방이나 하숙집을 구하지 못해 안절부절못하는 신입생들을 위한 프로젝트다. 콘셉트는 간단하다. 딸과 아들 다 출가시킨 노부부 중에 40~50평대 아파트에서 쓸쓸하게 지내는 분들이 많은데 이런 분들이 이제 막 부모님 품을 벗어나 상경한 신입생들에게 '빈방'을 '장학금'으로 제공하는 것이다.

전혀 생뚱맞은 학생을 들이는 것이 부담스럽다면 '혈연-지연-학연'이 같은 학생들을 들일 수도 있을 것이다. 같은 문중 사람이나, 같은 지역 출신, 혹은 모교 후배 중에서…… 결혼정보업체처럼 빈방정보업체가 노부부와 신입생 '방팅'도 주선해주고…… 그래서 서로 맘이 맞는 사람끼리 지낼 수 있게 하는…… 소셜네트워크를 활용한 소셜-네트워크 프로젝트인데 기대가 된다. '전 국민 비상 연락망'을 만드는 일이다.

청소년에게 소셜미디어는 어떤 곳?

청소년에게 소셜미디어는 크게 세 가지 의미를 갖는다. 하나는 세상을 알아가는 곳이다. 우리는 신문과 방송, 그리고 포털사이트를 통해서 세상을 접한다. 그런데 이곳에서 알려주지 않는 이야기가 있다면? 우리가 알고 있는 세상은 반쪽 세상일 뿐이다. 우리가 보는 달의 면은 늘 일정하다. 달의 후면을 보여주는 것, 그곳이 바로 소셜미디어다.

두 번째는 기성세대와 만나는 곳이다. 미투데이나 메신저 서비스 등 청소년들끼리 소통할 수 있는 소셜미디어도 많다. 그런데 왜 트위터나 페이스북과 같은 외국 소셜미디어를 이용해야 할까? 그것은 그런 서비스를 기성세대가 주로 이용하기 때문이다. 그런 곳을 이용하면 세대 내 소통에 머물지 않고 세대 외 소통을 할 수 있어 인식의 지평을 넓힐 수 있다.

세 번째는 기회를 부여받기 위해서다. 부지런한 것은 좋은 것이다. 그중 젊었을 때 가장 가치가 있는 부지런함은 바로 스스로에게 기회를 부여하는 데 부지런한 것이다. 기회란 준비된 자에게 오기 마련이고, 스스로를 알린 사람에게 오곤 한다. 소셜미디어로 자신이 무엇을 준비할지를 찾고 준비된 모습을 알리면 기회를 부여받게 될 것이다.

정성하라는 고등학생이 있다. 유튜브 조회 수가 개인 조회 수로는 국내 최초로 2억 회를 넘어섰고 소녀시대보다도 높은 조회 수를 기록했다. 그가 세상에 자신을 알린 수단이 바로 유튜브였다. 존 레논의 아내인 오노 요코도 이 학생을 칭찬했고 세계 유수의 기타리스트들이 그를 불러 협연했다. 그런 기회를 노릴 수 있다.

트위터에서 '골목 스타'가 되는 법

트위터의 경우 친구(팔로어)가 늘면 '골목 스타'가 된 듯한 기분을 느낄 수 있다. 자신의 이야기에 사람들이 관심을 보이면 더 신이 나서 적극 소통하게 된다. SNS는 자유롭게 자기 자신을 표현하는 곳이지만 동시에 남들의 시선을 강하게 의식하는 곳이기도 하다. 그런 상호 작용 속에서 연예인처럼 자신의 이미지를 만들어내는데, 일종의 '자발적 트루먼 쇼'를 하는 것이라 할 수 있다.

그러면 어떻게 골목 스타가 될 수 있을까? 연예인도 아닌데 팔로어 100만 명을 넘긴 이외수 선생이 좋은 예다. 이외수 선생의 삶은 자신을 세상과 고립시키는 것이었다. 주류 사회로부터, 주류 문단으로부터 격리된 삶을 살았다. 글을 쓸 때는 교도소 철문을 잠그듯 스스로를 유배시키고 썼다. 급기야 화천의 두메산골(감성마을)로 이주했는데도 사람들은 그를 찾아 산길을 달려간다. 어떻게 그는 예순이 넘는 나이에 '꼰대'가 아닌 '트윗돌(트위터+아이돌)'이 되었을까? 사람들은 그에게서 무엇을 얻으려고 감성마을로 달려가는 것일까? 그는 자신의 소통 노하우를 다음과 같이 답했다.

"꼭 달거나 고소한 것만 음식 재료가 되는 것이 아니다. 때로는 맵고, 쓰고, 시고, 떫은 것이 섞여 있어야 풍성한 밥상이 된다. 내가 올린 글에는 먹을 것이 고루 섞여 있다. 그리고 거기에 내 정성을 쏟아붓는다. 무성의하게 올리는 경우가 거의 없다. 하다못해 리트윗(전달)을 하는 경우에도 아주 짤막하게나마 언급한다. 독려를 하는 의미에서 올리는 것인데 나름 고심해서 올린다. 한 명이라도 더 공감하고 그것을 같이 리트윗할 수 있도록 하는데, 그 진심이 전달되는 것 같다. 트위터에서는 가급적 생각보다 마음을 담으려 애쓴다."

소셜미디어를 효과적으로
활용하기 위한 10가지 팁

■ 포기하지 마세요

트위터 아직 재미없으세요? 하지만 쉽게 포기하지는 마세요. 설악산 매표소 주변만 보고 설악산 별거 없다, 라고 말하면 우습잖아요. 조금만 더 올라가보세요. 계곡의 시원한 바람도 맞아보고, 능선의 그라데이션도 감상하고, 꿈결 같은 운무도 보고 오세요. 그런 다음 평가하셔도 늦지 않습니다.

■ 발견하세요

트위터가 재미없는 것은 재미없는 사람만 팔로잉하고 있기 때문입니다. 트위터가 편견 어린 곳으로 보이는 것은 편견에 휩싸인 사람만 팔로잉하기 때문입니다. 트위터가 거친 것은 거친 사람만 팔로잉하기 때문입니다. 더 찾아보세요. 좋은 사람, 재밌는 사람을 찾는 노력은 헛되지 않습니다. 오프라인 세상과 마찬가지로.

■ 참고하세요

트위터에서 좋은 사람을 찾고 싶으면 자신이 좋아하는 좋은 사람이 팔로잉하는 사람을 팔로잉하세요. 내가 좋아하는 사람이 좋아하는 사람이라면 검증된 것 아닐까요? 트위터에서 재밌는 사람 찾고 싶으면 내가 재밌어하는 사람이 팔로잉하는 사람을 팔로잉하세요. 내가 재밌어하는 사람이 재밌어하는 사람이라면 얼마나 재밌겠습니까?

■ 칭찬하세요

자신이 좋아하는 유명한 사람이 맞팔해주기를 원하십니까? 그럼 맞팔해달라고 하지 마세요. 그 사람에게 얼마나 많은 사람이 맞팔해달라고 부탁을 했겠습니까? 그 순간 당신은 하찮은 사람이 됩니다. 대신 칭찬을 해보세요. 입에 발린 칭찬이 아니라 정말 그 사람의 장점을 찾아서 칭찬해보세요. 칭찬은 고래도 팔로잉하게 만듭니다.

■ 또 만나세요

트위터에서의 인간관계는, 너무 의미를 부여하지 마시고, 가볍게 '정거장' 정도로 생각하시면 좋을 것 같아요. 그 역에 함께 머물 때 서로 좋은 추억 만들어주는……. 다른 정거장에서 또 새로운 사람 만나고, 인연이 되면 또 만나고……. 그렇게 인연이 쌓여가는 것이 순리인 듯합니다. 끊어질까 전전긍긍하는 것보다는…….

■ 라디오 틀어놓았다 생각하세요

트위터의 글은…… 그냥 라디오 틀어놓았다고 생각하시고 흘려보내세요. 붙들려고 용쓸 필요 없어요. 다 안 읽어도 됩니다. 그냥 좋은 노래 나오면 귀 기울이듯 좋은 얘기 나오면 새겨들으면 됩니다. 라디오 틀어놨다고 귀 쫑긋 세우고 있는 것 아니잖아요. 너무 한 땀 한 땀 깨알같이 읽어내려 하지 마세요. 트위터는 직관입니다.

■ 오해도 즐기세요

유명한 사람은 유명한 오해를 받는 사람이라고 했었나

요? 많은 팬을 얻었지만 적지 않게 안티도 얻었습니다. 그런데 분명한 것은 트위터 덕분에 나를 좋아하게 된 사람보다 트위터 때문에 나를 싫어하게 된 사람이 나를 더 정확하게 본다는 사실입니다. 그래도 저를 오해하고 좋아하는 사람이 좋습니다. 저도 인간이니까. 아무튼 이해도 오해의 일부입니다. 그냥 즐기세요.

■ 맞는 말만 하지 마세요

트위터에서 맞는 말만 하려고 애쓰지 마세요. 공자도 아니고, 어떻게 맞는 말만 합니까? 내가 하는 말은 '틀린 말'이 아니라 '다른 말'이라고 편하게 생각하시고 편하게 말하세요. 괜히 뭐라 하는 사람들 있음 그냥 블록해버리시고요. 트위터는 하고 싶은 말 하고, 듣고 싶은 말 듣는 곳입니다. 도 닦으려 하지 마세요. 잊지 마세요. 트위터의 완성은 블록입니다.

■ 가려서 들으세요

제가 안티들은 제 글 보고 괴로우시지 않게 블록 쳐드린다고 하니까, 반대 의견은 안 듣냐고 뭐라 하시는 분

계시는데…… 욕하고 난리 치는 사람 아녀도 애정 어린 충고해주시는 분은 많습니다. 그분들 충고만으로도 충분히 배부릅니다. 트위터에서까지 이런 이야기 들어주면서 도 닦을 이유 없습니다.

■ 하고 싶은 말 하고 듣기 싫으면 듣지 마세요

이 얘기도 흘려들으세요. 트위터에 정도는 없습니다. 트위터 본사에서 내린 지침은 아무것도 없습니다. 지금 여러분이 하는 방식이 바로 정도입니다. 트위터의 설계 구조를 보면 내가 하고 싶은 얘기 하고, 내가 듣고 싶은 얘기 듣는 것이 유일한 정도입니다. 말하기 싫으면 침묵하면 되고, 듣기 싫으면 안 들으면 됩니다.

고재열

〈시사IN〉 기자 겸 시사 블로그 '독설닷컴' 운영자다. 2008년 5월 '독설닷컴'을 운영하기 시작하여, 그해 '조갑제닷컴'을 가볍게 누르고, 시사 분야의 파워블로거로 등극했다. 〈시사저널〉 파업 당시, 생계형 콘셉트로 퀴즈쇼에 출연하여 상금 2,000만 원을 받으며 우승했고, 상금의 절반을 노조 파업 기금으로 기부했다. 현재 '1인 미디어'라는 확고한 정체성을 가지고, 블로거 인큐베이팅 등 다양한 블로그를 실험하고 있다. 더 많은 기자가 블로고스피어로 나와 누리꾼과 계급장 떼고 "맞장을 떠야 한다"라고 외치고 있다.

언론과 미디어는 진실만 말할까

· 9 ·

손석춘(언론학 박사)

소통이 안 된다고 여기저기서 아우성입니다. 소통이란 말보다 불통이라는 말이 더 많이 나돌고 있습니다. 여기에는 여러 가지 이유가 있겠지요.

소통이 온전히 이루어지지 않는 가장 큰 이유는 소통이 소통답지 못한 데 있습니다. 소통이 소통답지 못하다? 무슨 말일까요? 소통이 소통의 핵심을 잃고 있다는 뜻입니다. 그렇다면 소통의 핵심은 무엇일까요?

두말할 나위 없이 진실입니다. 당연한 말입니다만 현실에선 잘 지켜지지 않기에 더욱 그렇습니다. 특히 사회에 큰 영향력을 끼치는 언론이 그렇기에 문제는 더 심각해집니다.

구체적 보기로 2008년 촛불집회를 돌아볼까요? 2008년 5월부터 6월, 7월, 8월에 걸쳐 '미국산 쇠고기 반대'를 외치며 100만여 명이 100차례 넘게 서울의 한복판에서 벌였던 촛불은 기성세대가 10대 청소년들을 바라보는 눈을 단숨에 바꿨습니다. 새로운 희망을 발견했다며 감동의 물결이 이어졌지요.

  그 물결에는 '바이북스' 출판사도 있었습니다. 바이북스 출판사는 "교복 치마를 한껏 짧게 줄여 입고, 선생님 몰래 피어싱을 하는 아이들, 기성세대가 철없고 어리다고만 여겼던 그 청소년들이 자신들의 권리와 주권을 내세우며 거리로 나선" 모습에 감동해 청소년을 대상으로 한 책《대한민국 청소년에게》를 출간했지요. 그 책은 "다양한 주제와 문제의식으로 청소년들에게 우리 사회를 바로 볼 수 있는 시각과 안목을 심어주었다"라는 평가를 받았습니다.

  그런데 어떤가요? 과연 우리는 촛불을 들었을 때 기대했던 나라를 만들었는지, 또는 만들고 있는지, 아니면 만들 수 있다는 희망은 있는지 냉철하고 꼼꼼하게 짚어볼 필요가 있습니다.

  세 가지 물음 가운데 첫 질문의 답은 명확합니다. 적어도 촛불을 든 시민들이 기대했던 나라를 만드는 데는 실패했으니까요. 아니, 그 뒤 우리 대한민국의 민주주의는 오히려 후퇴했다는 목소리가 커지고 있습니다. 실제로 부자들은 더 잘살고 가난한 사람은 더 못살게 되었다는 통계가 나와 있습니다. 그뿐인가요. 지금 이 순간도 10대 학생들은 여전히 '입시 지옥'에서 헤어나지 못하고 있지요. 심지어 촛불의 열정은 빛바랜 사진첩의 추억처럼 희미하게 다가오거나 이미 잊은 지 오래되기도 했습니다. 왜 이렇게 되었을까요?

여러모로 짚어보아야겠지만 가장 중요한 원인은 미디어에 있습니다. 언론이 진실을 보도하지 않았기 때문입니다. 언론은 촛불이 한창일 때부터 진실을 보도하지 않았습니다. 바이북스가 《대한민국 청소년에게》를 출간하게 된 계기이기도 했을 만큼 새롭게 떠오른 시대적 상징인 촛불문화제를 찬찬히 짚어볼까요? 언론이 진실을 보도하는가의 문제를 살펴보는 데도 가장 적절한 보기라고 판단됩니다. 더구나 그 이후 대다수 언론이 집요하게 촛불집회는 청소년들이 일부 언론의 거짓 선동에 놀아난 것이라고 보도해왔고 지금도 틈만 나면 그렇게 말하고 있기에 과연 무엇이 진실인가를 밝히는 일은 중요합니다.

사건의 발단부터 간략히 핵심적 전개 과정만 살펴보지요. 2008년 4월 미국을 방문한 이명박 대통령은 미국산 쇠고기를 30개월 이상까지 전면 수입하는 데 전격 합의했습니다. 대통령 취임 한 달 반 만에 첫 방문으로 미국을 간 이명박 대통령은 유럽에서 일어난 광우병 위험 때문에 '30개월 미만의 뼈 없는 살코기'로 수입을 제한하던 기존의 정부 방침에서 두 가지 제한 조건을 모두 풀었습니다. 30개월 이상 쇠고기도, 뼈 있는 살코기도 모두 수입하겠다고 적극 나섰지요.

여기서 미국산 쇠고기 수입에 왜 '30개월 기준'이 있었는지 정리하고 갈까요. 바로 '광우병' 때문입니다. 광우병狂牛病은 말 그대로 소가 미친병이지요. 미쳤다고 하지만 아주 참혹한 병입니다. 소의 뇌에 구멍이 숭숭 생기는 병이니까요. 쇠고기를 더 빨리, 많이 얻기 위해 초식동물인 소에게 육식 사료, 그것도 다름 아닌 동족인 소의 뼈와 살을 먹여서 발생한 병입니다. 그 쇠고기를 먹은 사람에게도 병이 옮겨 와 영국에서 광우병에 걸린 사람들이 줄을 이어 사망한 참극이 벌어졌지요.

그럼에도 이명박 정부는 모두 개방했습니다. 그런데 그런 잘못을 감시해야 하는 게 의무인 언론이 아무런 문제를 제기하지 않자 우리 국민 사이에서 우려의 목소리가 커져 갔습니다. 아주 작은 규모로 촛불집회가 서울 도심에서 열린 이유입니다. 학교 급식으로 선택권이 자유롭지 못한 10 대도 참여한 촛불문화제가 처음 열린 날은 2008년 5월 2일이었지요. 바로 다음 날 발행 부수가 많은 한 신문은 "反美(반미) 反李(반이)로 몰고 가는 '광우병 괴담' 촛불시위" 제하의 사설(5월 3일자)을 내보냅니다.

> 미국산 쇠고기 수입 반대 시위가 2002년 대통령 선거를 앞두고 반미 감정을 증폭시킨 '효순 미선 양 촛불 시위'처럼 번지는 양상이다. …… 미국 얘기만 나오면 무슨 수를 써서라도 흠집을 찾아내 부풀리려는 세력이 엄연히 존재하는 현실을 직시하지 못하고 정부가 안이하게 대응한 탓이 크다.

어떤가요? 급식으로 자신의 삶에 영향을 끼칠 문제에 청소년이 앞장선 것은 아주 자연스러운 일인데도, 이 신문이 본 것은 온통 '반미'뿐입니다. '색안경'을 끼고 바라보는 꼴입니다. 그 색안경을 끼고 모든 것을 바라보는 주체가 특정 개인이 아니라면, 날마다 수백만 부를 발행해 배달하는 신문이라면, 문제는 심각해집니다.

10대 청소년들이 선구한 평화적 촛불집회가 다음 날부터 확산되어가자 이 신문이 쓴 사설 제목은 숫제 "다시 '촛불'로 재미 보려는 좌파세력"입니다. 사설의 첫 문장부터 심상치 않습니다. "좌파 단체들이 미국산 쇠고기의 안전성 논란을 이용해 '정치적 재기'를 꾀하고 있다." 이 시점은 분명히 촛불문화제 초기였지요. 그럼에도 붉은 색깔로 마구 덧칠하고 있습니다.

전국교직원노동조합(전교조)도 '광우병 의심 소는 추방돼야 한다'며 '어린이 건강을 위협하는 정부를 규탄한다'는 성명을 발표했다. 좌파 단체들은 6일 이른바 '비상시국회의'를 개최할 예정이다. 좌파정권이 지난 대선과 총선에서 잇따라 패배한 뒤 분열 기미를 보였던 좌파진영이 '반(反) 미국산 쇠고기' '반 이명박'의 깃발 아래 다시 뭉치려는 것이다.

이어 5월 10일자에선 사설 제목으로 아예 "광우병 촛불집회 배후세력 누구인가"라고 추궁합니다. "미국산 쇠고기 수입에 반대하는 대규모 촛불집회가 또 열렸다. 집회를 주최한 '광우병 위험 쇠고기 전면 수입을 반대하는 국민대책회의'에는 좌파단체와 인터넷모임이 대거 가담하고 있다"

라고 주장한 이 사설은 마침내 신문으로서 넘어설 수 없는 선까지 범하고 말았어요.

> 일부 세력이 벌이는 '광우병 공포 세뇌'는 북한의 선전선동과도 무관하지 않은 것 같다. 북은 지난달 24일 평양방송을 통해 '이명박 역도가 미친소병 위험으로 미루어 오던 쇠고기를 아무런 제한조건도 없이 수입하기로 미국과 합의했다'고 주장한 뒤 발언 수위를 높여가고 있다. …… '효순이 미선이'에서부터 광우병 괴담까지 촛불집회를 주도하는 세력의 코드는 친북 반미다. 대선과 총선 이후 무력감에 빠져 있던 이들이 대중의 먹을거리 공포를 자극하며 소요(騷擾)를 일으키는 것은 과연 누구를 위해서인가.

'반미'에, '좌파'에, 그것도 모자라 '북한'까지 연결 지었습니다. 국가보안법이 시퍼렇게 살아 있는 나라에서 '북한'과의 연계가 얼마나 치명적 덧칠인지는 새삼 말할 나위가 없겠지요. 그럼에도 촛불이 수그러들지 않자 이 신문은 6월 4일자 사설로 슬그머니 "미국이 '30개월 이상 쇠고기' 양보해야"를 내보냅니다.

사설은 "미국 정부가 양보를 하지 않으면 풀기 어려울 정도로 사태가 악화일로로 치닫고 있다. 자칫하면 '30개월 미만 쇠고기'에까지 영향을 미칠 수도 있는 국면"이라고 우려를 표합니다. 그래서 "미국이 한국의 쇠고기 사태를 정확하게 이해하고 해결을 위해 협조하는 것이 양국 모두에 도움이 된다"라고 주장합니다.

하지만 최대 인파가 몰렸던 6월 대항쟁 기념일을 지나 촛불집회가 다소 진정 국면을 맞자 신문은 다시 색깔 칠하기에 나섭니다. 6월 19일자 사설 "아이들을 좌파 홍위병으로 키우는 전교조"가 그것이지요. 사설은 "전교조는 '참교육'이란 미명 아래 이 나라 미래의 주인공들을 그들이 원하는 사회변혁의 도구로 쓰기 위해 좌파 이념과 친북반미 의식교육에 매달려 왔다"라며 촛불집회는 "그 단면"이라고 고발합니다.

많은 사람이 언론의 집요한 흠집 내기 때문에 진실을 잘못 알고 있습니다만, 촛불집회의 성과는 분명히 있습니다. 미국과의 쇠고기 추가 협상에서 30개월 이상 쇠고기가 수입되지 않도록 미 정부의 '품질체계평가QSA'를 통해 보장받는 데 성공했기 때문입니다.

그런데 그 뒤 신문들은 광우병 위험성을 집중적으로 보

도했던 문화방송 〈PD수첩〉이 영어를 번역하며 저지른 사소한 잘못을 침소봉대해 마치 촛불의 모든 것이 거짓말 선동에 놀아난 것처럼 여론을 몰아갔습니다.

하지만 이 또한 진실을 살펴보아야 합니다. 촛불집회가 있던 2008년 봄 이후 4년이 지난 2012년 현재까지 일본 정부는 우리와 달리 20개월 미만의 쇠고기만 미국에서 수입하는 엄격한 기준을 결코 포기하지 않았습니다. 물론, 일본도 앞으로 제한을 풀 수는 있습니다. 그러나 일본 정부가 4년 넘도록 사태의 추이—광우병이 더 확산되는지 아닌지—를 지켜보고 있으며, 자국민의 안전을 보호하는 데 최선을 다하고 있다는 것은 명백한 사실이지요.

더 중요한 것은 10대들까지 참여한 촛불집회가 없었다면, 30개월조차 지켜지지 못한 채 아무 제한 없이 미국산 쇠고기가 수입되었을 게 뻔하고 학교 급식은 물론 식당마다 어느 나라에서 생산된 쇠고기인지 명문화하는 일도 없었을 겁니다. 바로 그 점에서도 촛불문화제를 둘러싼 언론의 왜곡은 4년 전과 같이 지금 이 순간도 '진행형'이지요.

돌아보면 언론이 진실과 먼 보도를 한 것은 이 땅에 대중매체가 처음 등장할 때부터입니다. 오늘날의 언론을 비롯해 서양의 근대 문명이 이 땅에 들어오던 '개항기'는 우리 역사에 큰 전환기였습니다.

우리는 모두 학교에서 그 전환기를 살았던 의병에 대해서 배웠지요. 일본의 낭인 무리가 조선의 궁궐에 난입해 들어와 왕비를 능욕하며 살해하자 민중은 의병으로 떨쳐 일어섰지요. 그래서입니다. 지금은 의병을 부정적으로 또는 비판적으로 바라보는 사람을 찾아보기 어렵습니다.

하지만 당대에는 어땠을까요? 의병으로 나선 사람도 있었지만 더 많은 사람은 방관하거나 거꾸로 의병을 살해하는 데 가담했습니다. 참으로 이해할 수 없는 일이지요. 왜 그랬을까요? 당시 발행되던 신문 가운데 가장 높은 평가를 받았던 《독립신문》지면을 보면 그 '비밀'이 술술 풀립니다.

사실 《독립신문》은 우리 역사에서 높이 평가받는 신문입니다. 오늘 한국의 언론인들이 '신문의 날'로 기념하고 있는 날도 바로 《독립신문》의 창간일(1896년 4월 7일)이지요.

그런데 충격적이게도 《독립신문》은 의병을 일러 '의병'으로 기사화하지 않았습니다. 엉뚱하게도 의병을 '비도匪徒'라고 표기했지요. 어감에서도 곧장 느꼈겠지만 비도의 국어사전 뜻은 "떼를 지어 돌아다니며 살인과 약탈을 일삼는 무리"입니다. 의병 현상을 다룬 기사 내용도 '비도'가 마을 사람들에게 행패를 부린다거나 그들을 '토벌'했다는 게 대부분이었어요.

의병이 장렬하게 전사했을 때에도 예외가 아닙니다. 순한글 신문 《독립신문》은 "비도 7놈을 죽였다"라는 기사가 입증해주듯이 우리 의병들 뒤에 서슴지 않고 "놈"이라고 씁니다.

비단 《독립신문》만이 아니지요. 당시 실력 양성 운동을 벌이던 '계몽운동가'들은 의병을 비도나 폭도, 무뢰배, 불한당, 화적 따위로 부르며 학살에 앞장섰습니다.

대체 그들은 왜 그랬을까요? 《독립신문》 논설이나 개화파가 남긴 글을 보면 공통된 논리를 확인할 수 있습니다. 그들은 백인 문명에 맞서서 동아시아 3개국이 연대해야 한다고 주장했습니다. 여기서 '연대'하자는 주장까지는 얼마든지 이해할 수 있겠지요. 문제는 그들이 동아시아 연대를 주창하며 일본을 '맹주'로 삼자고 부른 데 있습니다.

어떤가요? 세상을 보는 눈, 논리라는 게 얼마나 무서운가를 실감할 수 있지요. 세상을 그런 눈으로 읽으면 이미 일본 제국주의에 대한 경계 의식은 시나브로 사라질 수밖에 없지요. 실제로 개화파 대다수가 일본에 유학한 경험이 있었습니다.

그래서입니다. 개화파는 의병에 나선 민중의 무지몽매를

꾸짖습니다. 뭘 몰라서 의병을 일으켰다는 주장이에요. 일본은 조선의 개화를 위해 근대 신문과 학교 설립을 도와주고 있는데 그것을 침략이라고 본다면 어리석은 생각이라는 논리이지요.

결국 의병들이 '비도'로 학살당해 소멸되어가면서 조선은 일본의 식민지로 전락하게 됩니다. 흔히 조선이 일본과 전쟁에 패해서 식민지가 되었다는 식으로 무의식중에 알고 있지만, 진실을 정면으로 보아야 하지요. 설령 자신에게 불편하더라도 진실을 마주하는 용기는 언제나 미덕이니까요.

착각 없이 또렷하게 인식하고 갑시다. 조선이 일본과의 전쟁에 패해서 식민지가 된 게 아닙니다. 전쟁 없었어요. 그럼 어떻게 식민지로 떨어졌을까요? 황당한 일이죠? 찬찬히 돌아보세요. 1592년 임진왜란이 일어났을 때는 의병과 관군이 힘을 모아 일본군과 싸웠습니다. 하지만 1890년대 후반에는 어땠나요? 힘을 모아 일본군과 싸우기는커녕 관군은 일본군과 손잡고 의병을 학살하는 어이없는 일이 벌어졌습니다.

개화파는 서울에 주둔하고 있던 일본군에 대해서도 조선을 침략하려는 의도가 아니라 중국(청나라)과 러시아로부터 우리를 지켜주기 위해서라고 주장했지요.

역사적 전환기에 누구의 판단이 옳았는가는 이제 명확하게 드러났습니다. 식민지로 전락한 뒤에도 자기 눈으로 세상을 읽지 못하는 비극은 이어집니다. 일본 제국주의가 이른바 '육군 특별 지원병제'를 실시했을 때입니다. 조선인 청년을 일제 침략 전쟁의 총알받이로 쓰려는 저들의 노림수에 당시 조선인이 발행하던 신문들은 찬가를 불렀습니다.

> (일본군에 조선인)지원병 제도의 실시는 조선 민중에게도 병역의 의무를 부담시키는 제일보다. …… 미나미 총독의 영단은 역대 총독이 상상도 하지 않던 병역의 의무를 조선 민중에게 부담시키는 제일보를 답출(踏出)케 한 것이다. 이에 조선 민중도 이 제도가 실시되는 제1일부터 당국의 지도에 순응하여서 그에 협력하지 않으면 아니 될 것이다.
>
> 1938년 4월 3일자 사설

지원병들이 마침내 전장으로 나갔을 때 어떤 일이 벌어졌을까요? 짐작한 대로 총알받이였지요. 그 죽음의 성격은 무엇일까요? 아무런 의미도 없는, 개만도 못한 죽음이었습니다. 그런데 언론은 그 진실을 어떻게 보도했을까요? "조선 지원병의 영예"라고 치켜세웠습니다.

조선인 지원병 최초의 명예의 전사자 이인석 군은 총독부 육군병 지원자 훈련소 제1기 전기 졸업생으로 재소중에도 우수한 성적을 보이고 작년 여름 입대 후에는 총후 조선의 여망에 맞추어 군문에 정예하다가 지난번 제일 충정을 보게 되자 군은 결의를 보이고 용약 출정하였던 것이다.

여기서 그치지 않았지요. 그 "영예의 전사자" 집안을 찾아가 '영예의 전사한 이인석 가정방문기' 기사를 내보냈습니다. "'전사는 남자의 당연사' 부군 못지않은 부인의 결의" 제하의 기사는 "생활은 곤란함에도 불구하고 지원병을 지원하였던 터인데 이군의 부인은 '전선에서 돌아가셨다는 소식을 들었습니다만 남자의 당연한 일이오니 슬픈 것은 조금도 없습니다' 하고 부군에 못지않은 굳은 뜻을 보이었다"라고 썼습니다.

제 나라를 강점하고 제 겨레를 억압하며 착취하고 있는 제국주의 국가의 군대에 자원입대해 총 맞아 죽은 청년은 물론, 그 청년의 아내 또한 진실과 얼마나 동떨어져 있었던가요.

하지만 우리 선인들의 과거에 절망할 필요는 없습니다.

언론 보도대로 의병을 비도로 잘못 읽거나 침략자 일본군에 줄줄이 입대하던 당시에도 자기 두 발로 서서 당당하게 현실을 직시하고 행동에 옮긴 분들이 엄연히 존재했으니까요. 안중근 의사나 숱한 독립군이 그 생생한 보기이지요.

의병을 '비도'로 왜곡한 언론 보도가 아주 오래전의 역사적 사건이기에 현실감이 없을지 모르겠어요. 하지만 그 이야기를 꺼낸 이유가 있습니다. 바로 그 시기가 이 땅에서 근대화가 시작된 출발점이었기 때문입니다. 처음부터 뒤틀린 세상 읽기는 첫 단추를 잘못 끼웠을 때처럼 그 뒤 두고두고 영향을 끼치게 마련입니다. 다른 보기를 들어볼까요.

한국 민주주의 역사에 찬연히 빛나는 5·18광주민중항쟁은 전두환을 비롯한 군부 쿠데타 주동자들이 1980년 5월 17일 자정을 기해 불법적으로 선포한 '비상계엄 전국 확대'가 원인이었습니다.

영화 〈화려한 휴가〉가 생생하게 담아냈듯이 계엄군이 대학생들을 총검으로 찔러 죽이는 잔인한 '진압'에 맞서 광주의 민주 시민들은 스스로 무장했습니다. 마침내 계엄군을 광주에서 몰아냈지요. 민중의 거센 항쟁으로 쫓겨난 계엄군은 광주를 포위하고 전열을 가다듬어 다시 무력 진압할 태세를 갖추어갔습니다. 그때도 당시 발행되고 있던 모든 신문, 전파를 쏘아대고 있던 모든 방송은 그 위기에 몰린 민주 시민들을 '폭도'와 '난동자'로 몰아갔습니다. 의병을 비도로 몰아세운 '범죄'와 뭐가 다른가요?

그렇다면 지금은 어떨까요? 이제 언론이 진실만 보도할까요? 전혀 아닙니다. 자, 다시 보기를 들어볼까요.

2009년 서울의 도심 한복판에선 철거민들이 경찰 진압 과정에서 불에 타 숨진 사건이 일어났습니다. 삶의 터전을 잃은 용산의 철거민들이 생존권을 지키기 위해 농성에 들어간 지 하루 만에 경찰특공대를 투입했지요. 테러 진압을 목표로 만들어진 경찰특공대의 거친 진압으로 철거민 다섯 명이 숨졌습니다.

바로 다음 날 발행 부수가 가장 많은 신문은 "용산 참사 배후세력 '전철연'에 단호히 대응해야"(2009년 1월 23일자) 제하의 사설에서 전국철거민연합(전철연)이 "참사를 부른 옥상 농성"을 주도했다면서 다음과 같이 썼습니다.

> 전철연은 1994년 출범한 이후 철거민 농성을 '비타협적 빈민해방투쟁'의 수단으로 삼아왔다. 단체 로고로 '민중해방'이란 글자를 새겨 다닌다. …… 서울에서만 올해 19개, 내년 48개, 내후년 73개 재개발구역에서 철거와

이주가 진행될 예정이다. 전철연은 재개발 구역 갈등을 어떻게든 들쑤셔서 이 사회를 뒤흔들 불쏘시개로 삼으려는 생각을 갖고 있을 뿐이다. 삶의 막다른 길에 몰린 철거민들의 고통을 달래주고 해결하기보다 철거민들을 정치적 봉기의 불쏘시개로 삼으려고 철거민들을 앞세워 폭력을 휘두르는 전철연을 이대로 내버려둬선 안 된다.

경찰특공대의 과잉 진압으로 발생한 철거민 참사가 어느새 전철연을 겨냥한 '마녀사냥'으로 옮아가 있다는 사실을 발견할 수 있습니다. 이 신문은 며칠 뒤에 다시 "경찰, 수배 중인 전철연 의장 5년 동안 왜 못 잡았나" 사설을 써서 "(전철연 의장인) 남씨와 전철연 간부들을 둘러싸고 '철거민과 건설사 양쪽으로부터 뒷돈을 받았다'거나 '재개발 정보를 입수해 알박기 투기를 해왔다'는 의혹이 일고 있다. 검찰·경찰은 하루빨리 남씨 등을 검거해 이런 소문의 진상을 규명해야 한다"라고 주장했습니다.

철거민과 건설사 양쪽에서 뒷돈을 받거나 재개발 정보를 입수해 투기를 해왔다는 의혹을 제기한 사설을 읽은 독자들이 철거민 단체를 어떻게 인식할까. 용산 철거민 참사를 어떤 틀로 바라볼까 미루어 짐작할 수 있겠지요. 하지만 신문들이 제기한 전철연 의장의 '뒷돈'이나 '땅투기' 의혹은 얼마나 진실일까요.

전국철거민연합 남경남 의장은 한 진보적 미디어와 가진 인터뷰에서 다음과 같이 밝혔습니다.

문 | 공안당국이 시민·사회운동을 탄압할 때는 폭력성을 부각시키는 것 외에도 단체 관련자의 부정·비리·추문을 들춰내는 게 일반적이다. 지금 전철연과 남 의장에 대해서도 검찰은 관련 의혹을 제기하고 있다.

답 | 어느 신문을 보니 내가 땅을 몇 평씩 마련해서 '알박기'를 해 부당이득을 취한 것처럼 보도했더라. 내가 무슨 땅투기라도 한 것처럼 의혹을 제기해놓았다. 나는 전혀 알지 못하는 일이다. 빈민운동을 못하도록 빈민운동가를 죽이고 있는 것이다. 내가 거액을 챙겼다느니 호화 주택에 산다느니 하는 악담을 하는데, 차라리 그랬다면 내 가족에게 덜 미안했을지도 모르겠다. 내가 사는 집은 공시지가로 6100만원이 안 되는 그야말로 작은 집이다. 이 집은 70년대에 지은 집이어서 지금도 방에 난로를 피우고 지낼 정도다. 나는 한 사람의

생활인으로 성실하게 노력했지만, 가난에서 벗어나지는 못했다. 그 점이 늘 가족에 대한 미안함으로 남아 있다. 전철연의 주장, 전철연의 요구에 대해 사회적 논의를 했으면 좋겠다. 왜 이런 말도 안 되는, 터무니없는 거짓으로 나와 전철연을 공격하는지 모르겠다. 그래야 할 정도로 일부 언론과 정부의 처지가 곤궁한 것인지 되묻고 싶다.

문 | 상근 활동가들은 얼마씩 받나.

답 | 내가 한 달에 50만원을 받는다. 그거 받으면서도 죄인처럼 고개를 숙인다. 사무국장이 40만원, 총무국장이 20만원 정도 받는다. 다른 임원들은 5만원, 10만원 정도씩 받는다. 나만 해도 2007년까지 한 달에 30만원씩 받았다.

문 | 그 정도의 돈으로는 생계는커녕 활동비도 안 될 텐데.

답 | 물론 생계 해결이 안 되는데, 아내가 식당에서 일하면서 나한테 자장면값 정도를 더 쥐어준다. 한 달에 40만~60만원씩 버는 것 같다. 그런데 아내도 나이가 드니까 누가 써주지 않아 일거리가 없다. 지금은 딸자식의 벌이에 기대서 해결하고 있다.

어떤가요. 발행 부수가 가장 많은 신문이 전하는 전철연 의장 남경남과 한 진보적 주간지가 전하는 남경남은 과연 같은 인물일까 싶을 만큼 다릅니다. 진실은 어디에 있을까요? 독자 스스로 판단할 문제이지만, 혹시 오해가 있을까 싶어 밝혀둡니다. 전철연 의장에 대한 비방은 모두 사실이 아닌 것으로 밝혀졌습니다.

새삼 언론과 미디어가 무엇인지 우리가 생각해보아야 할 까닭이 여기 있습니다. 물론, 신문과 방송에 나온 게 모두 진실이 아니라고 보는 것은 옳지 않습니다. 그런 이야기를 하려는 것도 아닙니다. 하지만 그에 못지않게 위험한 것은 모두 진실이라고 믿는 것입니다.

그렇다면 어떻게 해야 할까요? 세 가지 방법이 있습니다.

첫째, 성격이 다른 신문을 함께 비교하며 보아야 합니다. 예컨대 《조선일보》《동아일보》《중앙일보》 가운데 하나를 본다면 《경향신문》《한겨레》 가운데 하나를 보는 게 좋습니다. 그래야 비교를 통해 시시비비를 가리는 눈이 뜨입니다.

둘째, 사회적 네트워크를 적극 활용해야 합니다. 흔히 SNS 시대라고 하지요. 적극적으로 자신이 알고 있는 정보와 진실을 이웃과 소통해가야 합니다. 진실을 왜곡한 언론에 대해서도 친구들에게 적극 알려야 합니다. 그래야 그 언론들이 함부로 왜곡할 생각을 못 하겠지요.

마지막으로 새로운 지평을 열어주는 책들을 많이 읽어야 합니다. 언론이든, SNS든 미디어가 전하는 것에는 한계가 있습니다. 우리가 지금 이 책을 통해 새로운 진실을 알게 되었듯이, 우리 앞에 놓여 있는 세상의 진실을 꾸준히 학습하려는 열정이 필요합니다. 그 열정은 일차적으로 자신의 삶이 누군가에게 속지 않기 위해서 필요한 것입니다만, 동시에 우리가 더불어 사는 대한민국의 미래를 위해서도 참 중요하지요. 대한민국의 미래는 청소년들에게 달려 있으니 더욱 그렇습니다.

* 이 글에는 필자가 쓴 청소년 에세이 《순수에게》와 《신문읽기의 혁명 2》에서 인용한 대목이 많습니다. 언론과 미디어에 대해 더 학습하고 싶은 독자는 참고하기 바랍니다.

손석춘

언론학 박사이다. 《동아일보》 기자, 《한겨레》 논설위원, 언론개혁시민연대 공동대표, 새로운사회를여는연구원 원장을 거쳐 현재 건국대학교 커뮤니케이션학과에서 학생들을 가르치고 있다.

참여와 행동만이 자유를 준다

· 10 ·

고성국(정치 평론가)

"인간은 정치적 동물이다." 대부분의 정치학 교과서 첫 문장은 이렇게 시작된다. 정치는 권력관계다. "정치란 한정된 자원을 권위적으로 배분하는 체계"라는 어려운 정의를 한마디로 말하면 "정치는 힘 관계"라는 뜻이다.

인간은 약한 존재다. 원시 상태의 인간은 힘, 속도, 크기 등 모든 면에서 경쟁자들을 앞설 수 없었다. 인간이 경쟁 동물을 앞설 수 있었던 힘은 두 가지였다. 첫째는 지능이고, 둘째는 군집 생활이었다. 이 중 더 우선적인 것은 군집 생활이었다. 지능이란 군집 생활의 결과 계발되고 획득되고 유전된 것이기 때문이다.

모여 살면 질서가 필요해진다. 질서가 없는 군집은 혼란과 갈등과 공멸을 부른다. 초원을 달리는 수십만 마리의 누 _{영양의 한 종} 떼도 자기들만의 질서가 있고 수백·수천만 마리가 군집 생활을 하는 벌과 개미도 자기들만의 엄격하고 분명한 질서가 있다. 이 질서가 본능에 기인한 것이라면 그것은 정치가 아니다. 그러나 질서가 개체들의 의식 활동의 결과 인위적으로 만들어진 것이라면 그것은 정치다.

최초의 정치, 최초의 권력, 최초의 질서는 아주 단순했을 것이다. 예컨대 '키 큰 사람부터 먹기'라든가 '빨리 달리는 사람부터 먹기' 같은. 사실 이런 식의 질서는 지금도 군대 같은 데서 '선착순' 같은 형태로 일부 통용되고 있다.

인간 사회에 '질서'가 나타난 것은 지금까지 인간의 역사에서 가장 중요한 전진이었다. 질서가 나타남으로써 인간은 만인에 대한 만인의 투쟁이라는 무한 경쟁과 약육강식의 상태에서 공존·공생할 수 있는 공동체 상태로 '진화'하게 된 것이다. 이를 최초로 이론으로 정식화한 사람이 토머스 홉스 Thomas Hobbes, 1588~1679였다.

홉스는 인간의 역사를 사회 계약 이전과 이후로 나누었다. 사회 계약 이전의 인간 사회는 만인에 대한 만인의 투쟁이 벌어진 사회였다. 누구도 안전하지 않았고, 한시도 편안

할 날이 없는 적자생존의 시대였다. 동물의 세계였다. 사회 계약 이전의 이 같은 무질서와 혼돈의 역사를 마감하고, 질서와 안전과 평화의 사회를 만들어낸 것이 사회 계약이었다. 사람들은 모두가 동의할 수 있는 최소한의 약속을 만들었고, 이 약속을 지키게끔 강제하기 위해 각자가 가진 권리를 조금씩 떼어내 그중 그럴듯한 한 사람에게 맡겼다.

살인하지 않는다. 살인한 자는 사형에 처한다. 도둑질하지 않는다. 도둑질한 자는 몇 배로 갚게 한다. 최초의 약속은 이런 것이었다.

이 약속으로 인해 인간은 비로소 최소한의 안전을 확보하게 되었다. 언제 죽을지 모를 불안에 떨지 않게 되었고, 재산을 지키기 위해 밤을 새우지 않아도 되었다. 인간이 된 것이다. 이 약속이 법이고, 각자의 권리를 떼어내 맡긴 '그럴듯한 한 사람'이 군주다.

인간이 인간이 되는 것은 법과 군주를 가질 때부터이다. 이것이 인간을 사회적 동물, 정치적 동물이라 부르는 이유이다. 정치적 동물들이 모여 만든 사회는 정치적 사회다. 권력관계가 사회관계의 중심이 되는 사회다. 다른 사람을 내 의지대로 움직이는 힘power과 영향력influence의 크기에 따라 질서가 정해지고 작동되는 사회다.

학교 점심시간에 먹는 밥을 국가가 제공할지 각자가 부담할지를 결정하는 것이 정치다. 수돗물에 불소를 첨가해 치약으로 이를 닦지 않고 수돗물만 마셔도 충치가 예방되도록 할지 아니면 계속 치약으로 이를 닦게 할지를 결정하는 것이 정치다. 시험 성적만으로 대학에 진학할지 그 밖의 다른 요소들, 적성·특기·봉사 활동·인간관계 등을 종합적으로 평가해서 대학 진학 여부를 결정할지를 정하는 것이 정치다. 모든 것이 정치다. 정치 아닌 것이 없다. 처음부터 끝까지 인간은 정치적 동물이다.

정치에는 정치만의 규칙이 있다. 지금까지의 인간 역사를 통해 인간이 발견해낸 가장 덜 나쁜 정치 규칙이 민주주의라는 데는 이견이 없다.

우리나라도 대부분의 선진국과 마찬가지로 시장 경제와 민주주의를 사회 운용의 기본 원리로 채택하고 있다. 시장 경제의 작동 원리는 1주 1표이고, 민주주의의 작동 원리는 1인 1표다. 1주 1표란 시장 경제의 주 활동 주체인 주식회사의 의사 결정 원리이고, 1인 1표란 선거의 원리다. 문제는 이 두 원리가 상충될 수 있다는 것이다.

주식회사의 1주 1표 원리는 주를 많이 보유하고 있는 대주주나 오너의 지배권을 보장하는 원리로 작동한다. 51퍼센트의 주만 갖고 있으면 100퍼센트의 지배권을 행사할 수 있는 것이 1주 1표 원리의 현실이다. 더 나아가 주식시장을 통해 전 세계 일반 투자자들에게 주를 판매할 수 있게 된 현대 자본주의에서는 특정 회사를 지배하기 위해서는 때로 3~5퍼센트의 지분만으로 충분할 때도 많다. 회사의 규모가 크고, 소액 주주들의 수가 많을수록 오너가 회사를 독점적으로 지배하기 위해 필요한 주식의 비율은 낮아진다. 이것이 소수의 대주주가 시장을 지배하는 원리다. 1주 1표라는 외형적 등가성을 통해 자본의 논리가 관철되는 것이다.

반면 1인 1표는 부자도 한 표, 가난한 사람도 한 표라는 표의 등가성을 말 그대로 구현한다. 참정권이 막 실현되던 초기에는 1인 1표에도 차별이 있었다. 여성, 외국인이 배제됐을 뿐 아니라 성인 남성 중에서도 일정액 이상의 세금을 내는 사람들에게만 참정권이 주어졌다. 재산에 따라 참정권을 차등 부여한 것이다. 이러한 현상은 민주주의가 태동한 그리스 아테네에서도 발견된다. 당시 아테네에는 6만 명 정도가 살았는데 참정권을 가진 시민은 이 중 10퍼센트에 해당하는 6,000명 정도에 불과했다. 여성, 노예, 외국인은 원천적으로 배제됐다.

이 같은 차별은 최근까지도 다양한 형태로 유지되었는

데, 스위스에서는 1970년대까지 여성들이 참정권을 갖지 못했고, 남아프리카 공화국에서는 흑인에 대한 참정권이 1980년대까지 허용되지 않았다. 우리나라도 대한민국 국민 중 해외에 살고 있는 영주권자들에게는 참정권이 허용되지 않다가 2012년 총선부터 참정권을 회복해주기로 했다. 이렇듯 여러 가지 이유와 사정으로 그동안 1인 1표라는 민주주의의 일반 원칙이 제대로 지켜지지 못했으나 지금은 전 세계 대부분의 나라에서 1인 1표라는 보통 선거 원칙은 흔들리지 않는 보편적 원칙으로 자리 잡고 있다.

1인 1표는 사회·경제·문화적으로 약자의 위치에 있는 대다수 시민이 자신들의 처지를 개선하고 국가로 하여금 시민의 어려움을 개선하는 데 행정력을 집중하도록 만드는 가장 위력적인 수단이라 할 수 있다. 대저택에서 수십 명의 하인들의 시중을 받으며 사는 노부부는 경제·사회·문화적으로는 절대 강자일지 모르나 정치적으로는 두 표에 불과하다. 반면 노부부가 사는 대저택의 정원을 관리하는 정원사 부부와 이들의 장성한 아들 부부는 네 표를 행사할 수 있다. 경제·사회·문화적으로 절대 약자인 이들이지만, 정치적으로 이들은 절대 강자가 될 수 있다. 이들은 자신들이 갖고 있는 1인 1표라는 민주주의의 힘을 선용해 자신들의 처지를 개선해갈 수도 있고, 이 힘을 제대로 쓰지 못해 정치적 혼란을 초래할 수도 있다. 분명한 것은 어떤 경우에도 1인 1표 원리는 부정되거나 간과되어서는 안 된다는 것이다. 그 것은 1인 1표가 인류가 도달한 최고 수준의 정치적 지혜의 산물이기 때문이다. 왜 그러한지를 지금부터 살펴보자.

인간은 불완전하다. 완전한 존재는 신밖에 없다. 인간의 지혜도 불완전하고, 인간들이 모여 내린 결론도 본질적으로 불완전하다. 인간의 인식 범위를 넘어서서 존재하는 절대적 명제, 예컨대 "1＋1＝2"와 같은 수학적 명제를 제외하면 인간의 생각과 사고 중 절대적으로 옳은 것은 하나도 없다. 모든 것은 잠정적이고 한계적이다. 불완전한 인간들이 모여 어떤 결론을 다수결로 내렸다고 해서 그 결론이 완전한 진리가 되는 것은 아니다. 다수의 의견이 모아졌으므로 틀릴 확률이 산술적으로 줄어들었을 뿐이다. 다수결을 통해 배제된 소수 의견도 완전히 틀린 것은 아니다. 틀릴 확률이 산술적으로 더 높을 뿐이다. 상황이 이러하므로 다수는 여전히 진리일 가능성이 있는 소수의 생각을 경청해야 하고, 소수는 자기보다 진리일 가능성이 조금이라도 더 많은 다수의 생각을 존중해야 한다. 이것이 "소수에 대한 존중과 다수에 대한 승복"으로 표현되는 다수결 원리의 철학적 함의다.

과연 우리는 현실 속에서 다수결의 원리를 철학적으로 실천하고 있는가. 거듭되는 국회의 몸싸움과 일상생활 속에서 걸핏하면 "야 표결해" 하는 소리를 듣게 되는 배제적 사고방식이 지배적인 사회에서 우리는 진정한 다수결의 원칙을 구현하고 있는가.

진정으로 다수결의 원리를 구현하면서 민주주의를 실천해가기 위해서는 무엇보다도 먼저 인간의 불완전성에 대한 자기 성찰적 인식과 고백이 있어야 한다. 인간의 생각과 감성이 하늘에서 준 불변의 것이 아니라 태어나 성장하는 과정에서 사회적 상호 작용을 거치면서 후천적으로 만들어진 것이며, 바로 그렇기 때문에 얼마든지 수정·보완될 수 있다는 자각이 있어야 한다. 인간의 정치사회화 과정에 대한 성찰적 이해가 필요한 것이다.

인간의 생각, 사회의식과 정치관은 어떻게 형성되는가?

모든 생물은 환경에 적응하고 진화한다. 적응과 진화의 과정에서 획득된 생존 지혜는 세대를 이어 전승된다. 대부분의 지혜와 정보는 유전자 복제를 통해 전달되지만 때로는 개체 간에 직접적 방식으로 전달되기도 한다. 어미가 새끼를 낳아 기르면서 사냥하는 방법, 숨는 방법, 먹이를 찾는 방법 등을 가르치는 일은 자연 세계에서 흔히 볼 수 있는 정보 전달 방식이다. 특히 본능보다는 후생적 학습과 습득에 의존하는 비중이 클수록 고등 생물에 속한다는 사실은 생존과 진화에서 '생각'이 차지하는 막중한 역할을 다시 생각하게 한다.

다른 포식 동물이나 경쟁자들에 비해 생물학적으로 우월할 것이 별로 없는 인간이 만물의 영장이 된 것은 인간이 생각할 수 있고, 학습할 수 있으며, 그 결과 행동하고 창조할 수 있었기 때문이다.

수백만 마리의 개체들이 오로지 주어진 본능에 따라 단순 반복을 계속함으로써 군집을 유지하는 개미나 벌과 달리 인간은 극히 단순한 가정에서부터 수억 명으로 구성되는 국가에 이르기까지 다양한 규모와 층위의 조직을 운영하며 결코 단순하지 않은 수많은 행동을 상황에 맞게 판단하고 선택하고 실행한다. 아침에 일어나 세수하고 밥 먹고 학교나 직장을 갔다가 저녁에 집으로 돌아와 쉬고 자는 우리의 일상은 너무나 당연한 생활이요 영원히 계속될 것 같은 따분한 행위이지만, 여기에도 결코 무시할 수 없는 매 순간의 판단과 선택이 있으며 세대를 통해 전승되어온 지혜가 숨어 있다.

아침에 어머니의 성화에 졸린 눈을 부비며 억지로 일어난 철수와 맞춰놓은 알람 소리에 눈을 떠 기분 좋게 하루를 시작한 영희의 아침은 전혀 다르다. 아침에 밥을 먹는지 빵을 먹는지, 밥을 든든하게 먹는지 대충 때우듯 먹는지, 온 가족이 둘러앉아 기분 좋게 먹는지 각자 돌아앉아 우울하게 꾸역꾸역 먹는지는 집마다 다르다. 이렇게 인간은 어느 것 하나 똑같지 않다. 태어나 자라는 과정에서 형성된 태도와 습득되고 학습된 지식·지혜에 따라 다 다르게 살아가는 것이다. 그렇다. 인간은 교육의 산물이고 교육의 결정체다. 인간의 교육은 세 가지 범주로 구분된다.

첫 번째 단계는 태어나서 학교에 가기 전까지 가정에서 이루어지는 교육이며 두 번째 단계는 학교 교육이다. 그리고 마지막 단계는 학교를 졸업하고 사회에 진출한 후 죽을 때까지 계속되는 사회 교육이다. 물론 이 교육들은 시기적으로 중첩될 수 있다. 학교에 다닌다고 가정에서의 교육이 중단되는 것도 아니고, 때로 학교 교육과 아르바이트를 하는 직장에서의 사회 교육이 동시에 이루어질 수도 있다. 그럼에도 각 시기마다 행해지는 교육의 주요한 형태는 있기 마련이므로 이를 중심으로 세 범주로 구분하는 것이다.

이 세 범주의 교육 과정을 거치면서 인간이 순수한 생물학적 존재에서 사회적·정치적 존재로 되어가는 과정을 사회화 과정, 또는 정치사회화 과정이라고 한다.

　인간의 정치사회화는 나서 자라는 가정에서부터 시작된다. 가정은 인간이 가장 먼저 권력관계를 느끼는 관계망이다. 엄격한 아버지와 자애로운 어머니로 표상되는 가정의 권력관계는 폭력보다는 사랑과 존중이라는 이름의 동의와 합의를 기본 원리로 한다. 그렇다고 가정에서 폭력적 권력관계가 완전히 사라진 것은 아니다. 수많은 가정에서 폭력적 권력관계는 일상적으로 작동한다. 부부 사이에서 부모와 자식 사이에서 그리고 형제와 자매 들 사이에서.

　가정을 벗어나서 접하게 되는 두 번째 권력망은 학교다. 유아원·유치원이건 초·중·고등학교건 모든 학교는 인간이 가정을 벗어나 사회관계와 권력을 경험하게 되는 첫 번째 현실이다. 거기에는 타자와의 복잡한 상호 관계가 있고, 감당하지 않으면 안 되는 상하 관계가 있다. 또 다양하게 이루어지는 동료들과의 복합적 상호 관계가 있고 지켜야 할 규칙이 있으며 그에 따르지 않을 경우 감당해야 하는 벌칙이 있다. 또한 학교에서는 공동체의 일원으로서 갖추어야 할 다양한 지식과 기술을 습득해야 하고, 그 성취도를 평가받아야 한다. 외적 강제에 익숙해져야 하고 이를 내면화해내는 고통스러운 정치사회화 과정을 거쳐야 한다. 그렇다. 인간은 가정과 학교를 통해 초기 정치사회화를 겪는다. 이때 형성되는 정치 정향political orientation과 정치 성향political mentality은 평생 동안 지속될 기본적인 정치 지형 구조가 된다.

이에 비해 교회·사찰 같은 종교 공동체나 직장의 영향은 생각보다 크지 않다. 특히 신정 국가가 아니고 다종교·다문화가 공존하는 우리나라에서 종교 공동체의 정치적 역할은 서구나 이슬람 문화권과는 비교할 수 없을 만큼 약하다.

역동적 정치 변동의 경험을 가진 우리나라에서는 종교·직장보다는 정치적 대사건의 집단적 경험과 행동이 훨씬 더 중요하다. 미국의 반전 세대, 민권 운동 세대, 프랑스의 68세대, 일본의 신인류같이 정치적 사건이나 사회 현상에 빗대 특정 세대를 규정하는 현상은 세계 어디서나 발견되는 보편적 현상이지만 우리나라는 이러한 호칭이 특별히 많다. 6·25세대, 4·19세대, 6·3세대, 민청학련 세대, 긴조 세대(긴급조치 세대), 386세대, 486세대가 다 그 같은 호칭들이다. 정치 변동이 격렬할 뿐만 아니라 특정 사건, 특정 상황의 정치적 규정력이 크다 보니 그 사건에 연루된 사람들이 "세대"라 불릴 만큼 많고, 그들 간의 동질성도 강하기 때문이다.

'SNS 세대'도 그중 하나다. 그러나 SNS 세대는 기성세대와는 완전히 다른 성격의 세대다. SNS 세대는 특정 사건을 매개로 형성된 세대가 아니라 일종의 새로운 트렌드와 새로운 문화, 새로운 소통 방식으로 관계 맺어진 세대이기 때문이다. SNS 세대는 말하자면 일본의 '신인류'와 같은 새로운 문화 트렌드로 묶인 세대다. 문화의 동질성이 갖는 강한 전파력을 감안하면 SNS 세대는 특정 사건을 매개로 엮인 다른 세대보다 더 확장력이 크다고 할 수 있다. 당연히 정치사회화 과정에 주는 SNS의 영향력 또한 크다. SNS는 SNS에 상대적으로 익숙한 청년들이 자신들의 정치적 역할에 대해 성찰적으로 돌아볼 것을 요구하고 있다. 힘이 커질수록 책임도 커지기 때문이다.

자기 성찰은 우리가 살고 있는 사회에 대한 정치·사회적 재인식에서 시작된다. 우리는 자유민주주의 사회에서 살고 있다. 자유민주주의는 헌법적 가치다. 자유민주주의와 시장 경제를 보편 가치로 내세우는 사회에서 정치사회화 과정이 궁극적으로 추구하는 핵심 가치는 자유다. 민주주의도 개인의 자유에서 시작되는 것이고, 시장 경제도 개인의 자유로운 경제 활동에서 비롯된다는 믿음이 자유민주주의와 시장 경제라는 보편 가치를 떠받치는 주춧돌이다.

19세기 자유주의 사상가 존 스튜어트 밀_{John Stuart Mill, 1806~1873}은 인간 존엄성의 근거를 자유에서 찾은 진정한 자유주의자였다. 존 스튜어트 밀은 "배부른 돼지가 되느니 배고픈 인간이 되는 것이 낫고, 만족스러운 바보가 되기보다는 불만족스러운 소크라테스가 되는 것이 낫다"라는 격언을 남긴 사람으로 유명하다. 그는 이렇게 주장했다.

자유는 세 가지 영역으로 구성된다.

첫째는 양심의 자유, 생각과 감정의 자유, 의견과 주장의 절대적 자유를 의미하는 내면적 의식의 영역이다.

둘째는 자신의 기호를 즐기고 자기가 희망하는 것을 추구할 자유다. 남에게 해를 주지 않는 한, 설령 다른 사람의 눈에 어리석거나 잘못되거나 틀린 것으로 보일지라도 그런 이유로 간섭받아서는 안 되는 자유다.

셋째는 개인의 자유와 똑같은 원리의 적용을 받는 결사의 자유다. 타인에게 해가 되지 않는 한 그리고 강제나 속임수에 의해 억지로 끌려온 경우가 아니라면 모든 성인은 어떤 목적의 모임이든 자유롭게 결성할 수 있어야 한다.

어떤 정부 형태를 가지든 이 세 가지 자유가 원칙적으로 존중되지 않는 사회는 결코 자유로운 사회라고 할 수 없다. 자유 가운데에서도 가장 소중하고 유일하게 자유라는 이름으로 불릴 수 있는 것은 다른 사람의 자유를 박탈하거나 자유를 얻기 위한 다른 사람의 노력을 방해하지 않는 한 각자 자신이 원하는 대로 자신의 삶을 꾸려가는 자유다. 우리의 육체나 정신·영혼의 건강을 보위하는 최고의 적임자는 누구인가? 그것은 바로 각 개인 자신이다. 우리는 우리 식대로 살다 일이 잘못돼 고통을 당할수도 있다. 그러나 설혹 그런 결과가 오더라도 자신이 선택한 길을 가면 다른 사람이 좋다고 생각하는 길로 억지로 끌려가는 것보다 궁극적으로는 더 많은 것을 얻게 된다. 인간은 바로 그런 존재다.

존 스튜어트 밀이 되풀이해 강조하는 바와 같이 인간은 본질적으로 자유로운 존재다. 자유로운 존재만이 인간이다. 부자유한 상태에서 탈출하기 위해 인간이 자신의 모든 것, 심지어 목숨까지 걸고 투쟁하는 것은 자유가 곧 인간의 가장 근원적인 존재 조건이기 때문이다.

그냥 주어지는 자유는 없다. 자유는 '공짜 점심'이 아니다. 요구하는 만큼 주어지고 행동하는 만큼 구현된다. 내가 행동하지 않으면 내 몫의 자유는 다른 누군가의 권력이 되고 그 권력은 나를 딱 그만큼 부자유하게 한다.

자유는 고정불변의 것이 아니다. 자유는 유동한다.

자유는 행동에서 시작되고 행동으로 유지·확장·발전·쇠퇴·종언된다. 행동만이 자유를 가능케 한다. '이만하면 됐다'고 방심하는 순간 자유의 수축이 시작된다. 끊임없는 참여와 행동만이 나를 자유롭게 하고 사회를 자유로 충만하게 한다.

청년이여 행동하라. 진정 자유로 살고자 한다면.

청년이여 성찰하라. 진정 지혜로 살고자 한다면.

이것이 청년들이 정치에 참여하고 선거 행동에 적극 나서야 하는 본질적 이유다.

고성국

고려대학교에서 정치외교학 박사 학위를 받았다. 1989년부터 프리랜서로 글쓰기, 대중 강연, 방송 활동을 시작해 CBS 라디오 〈시사자키〉, KBS 라디오 〈오늘〉, KBS TV 〈추적 60분〉을 진행했다. 현재는 OBS TV 〈고성국의 OBS 초대석〉을 진행하고 있고, KBS 라디오 〈열린토론〉, SBS 〈시사초점〉의 고정 패널이다. 저자가 가장 애정을 쏟는 분야는 10대들에게 건강한 정치, 살아 있는 정치를 알리는 일이다. 쓴 책으로는 《10대가 만나는 민주주의와 정치》 《10대와 통하는 한국사》(공저) 《10대와 통하는 정치학》 《고성국의 정치in》 등이 있다.

10대 때, 경제 공부, 필요 없습니다

· 11 ·

우석훈(타이거픽쳐스 자문, 경제학 박사)

저는 경제학자 우석훈이라고 합니다.

올해로 박사 학위 논문을 받은 지 17년째이고, 그 기간 동안 경제 혹은 경제학이라는 단어를 하루에 수십 번씩은 매일 입에 올리는 삶을 살아왔습니다. 뼛속까지 경제학자라고 해도 과언이 아닐 정도로, 저는 세상을 돈의 흐름이라는 눈으로 봅니다. 물론 돈을 위해 살지는 않지만, 돈이 어디에서 와서 어디로 가는지, 그게 제가 주로 하는 일입니다.

한국에서는 드물게 재벌을 위해서 일을 하기도 하였고, 정부에서 일을 하기도 하였고, 시민 단체와 함께 녹색당을 만들기 위해서 현장에서 사람들을 만나기도 하였습니다.

'88만원 세대'라는 말을 만들어내기도 하였습니다. 아마 특별히 혁명적이라고 할 정도의 변화가 생겨나지 않는다면, 여러분이 20대가 되면 좋든 싫든, 이 단어를 듣게 되실 겁니다. 한국의 20대들이 어지간하면 애증 섞인 감정으로 만나게 되는 이름이 제 이름입니다.

요즘은 〈나는 꼽사리다〉라는 이름의 팟캐스트 방송을 김미화, 선대인, 김용민 등 동료들과 운영하며, 사람들에게 국민 경제의 이런저런 속임수나 오류를 좀 더 쉽게 설명하는 일을 하고 있습니다. 한편으로는 〈왕의 남자〉의 연출자인 이준익 감독과 그의 동료들과 영화 기획하는 일을 하고 있습니다. 경제 코미디라는, 조금 더 일반인이 경제 얘기에 쉽게 접근하기 위한 일들을 시도하는 중입니다.

오랫동안 경제학자로서 살았고, 또 화려하지는 않아도 대중 앞에 경제학자로서 서는 데 어느 정도는 성공한 편입니다. 오늘은 어쩌면, 이런 저에 대한 얘기와 함께 여러분의 미래에 대한 얘기를 같이 고민해보고자 합니다. 사실 대학생들에게도 이렇게 해라, 저렇게 해라, 그렇게 말하는 것에 대해서 저는 주저함이 많습니다. 한 명 한 명이 우주와 같은 존재라고 생각하며, 개개인에게 모두 자신들의 아직 펼쳐지지 않은 미래가 있기 때문에 제 생각을 강요하거나,

그럴 생각은 전혀 없습니다. 10대들과 얘기할 때에는 더욱 주저함이 많습니다. 그 시기에는 사소한 변화로도 많은 것이 바뀌게 되는데, 제가 책임질 수 있는 영역의 바깥에 있는 일이기 때문입니다.

어쨌든 일반인이 아는 대표적인 경제학자 중의 한 명으로서 살아왔는데, 사실 저는 대학에 들어가기 전까지, 아니 대학교 3학년이 되기 전까지도 여전히 경제학이 뭐하는 학문인지, 이런 게 왜 필요한 건지도 잘 몰랐습니다. 적성 같은 것을 저는 믿어본 적이 없고, 지금도 그렇게 생각합니다. 사람이 원래 특별한 적성이나 재능이 있고, 그걸 잘 골라서 대학에 가야 행복하다는 것, 그것도 일종의 시대가 만들어낸 이데올로기라고 생각합니다. 적성이 과연 있을까요?

아마 여러분이 고등학생이라면, 이제 슬슬 문과와 이과로 사람들이 나뉘기 시작하였을 겁니다. 예전에 프랑스는 문과도 두 개, 이공계도 과학과 공학으로 두 개, 그래서 네 개의 분과가 있었습니다. 요즘은 문학, 경제사회, 이공계, 그렇게 세 개로 나누고 있습니다. 편의에 의해서 나눈 것일 뿐, 인간에게 그런 구분이 따로 있다고는 생각하지 않습니다. 다만 문과로 오랫동안 살면 후천적으로 문과형 인간이 되고, 이공계생으로 평생을 살면 결국 그렇게 특화되거나 성격도 굳어지게 되겠지요.

가끔 저에게 경제학자로서의 운명을 타고 태어난 거라고 오해하시는 분들도 있는데, 저는 정말 그냥 점수 맞춰서 대학에 들어간 거라서, 뭔가 해야겠다는 목표도 없었고, 사명감이나 소명 의식, 그런 건 정말 없었습니다. 요즘 식 진로 교육의 용어로 한다면, 저는 아무 생각 없이 그냥 글을 쓰고 싶다는 생각으로 문과를 선택했고, 대충 점수에 맞춰서 아무 데나 들어갔습니다. 고등학교를 졸업할 때에도, 직업 희망란에 특별히 뭔가 적어 넣기가 싫었던 게, 진짜로 되고 싶었던 것도 없었고, 하고 싶었던 것도 없었기 때문입니다. 뭐, 그건 지금도 그렇습니다. 특별한 꿈, 이루고 싶은 성취, 그런 건 제 인생에 한 번도 없었던 것 같습니다. 뼈를 깎는 고통과 자신을 위한 희생, 그런 것도 거의 해본 적이 없습니다. 매 순간을 좀 즐겁게 지내려고 했던 것 같기는 하고, 의미 없는 일은 하지 않으려고 한 편이지만, 결코 열심히 살았던 편은 아닙니다.

그렇다면 중·고등학교 때 무슨 특별한 사회와 관련된 책을 읽었는가? 그것도 아닙니다. 만화책을 좋아했고, 무협지를 좋아했고, 소설책을 아주 좋아했습니다. 많은 책을 읽은 건 사실이지만, 그렇다고 무슨 사회에 대한 의식이 있는 그런 책을 읽은 것도 아니고, 경제학 같은 것은 정말 몰랐습니다.

요즘 식 표현으로 하면, 저는 정말로 진로 교육 식의 미래에 대한 준비가 전혀 없을뿐더러, 자기에 대해서 지나칠 정도로 무책임하게 살았는지도 모르겠습니다. 그러나 지금 와서 생각해보면, 그렇게 별 생각 없이 살았던 게 오히려 경제학자로서는 더 도움이 되었던 것 같네요. 특별히 나에게 뭔가를 얹을 생각도 없고, 저는 아침에 일어나서 하루에 밥 세 끼가 온전히 입으로 들어오면, 더 이상은 바랄 게 없다고 생각하고 살았습니다.

제가 중·고등학교에 다니던 시절은 매우 독특했던 터라, 과외가 국가적으로 금지되어 있었습니다. 중학교 때에는 교복을 입었는데, 중학교 3학년 때에는 두발 자유가 허용되어 교복 모자는 쓰지 않아도 좋았습니다. 고등학생이 되었을 때, 교복이 없어져서 '사복'이라고 부르던, 그냥 집에서 입는 일상복을 입고 학교에 다녔습니다. 그때 막 나이키 운동화가 나와서, 나이키를 신는 게 유행이었는데, 저는 고등학교 2학년 때 나이키 가죽 테니스화를 신을 수 있게 되었습니다.

학교는 2시에 끝났던 걸로 기억이 납니다. 학교가 끝나고 버스를 타고 돌아오면 초등학교 6학년들과 같이 집에 돌아갔던, 지금 생각하면 도저히 상상할 수 없을 정도의 자유가 주어졌던 시기였습니다. 한국에서 잠깐 청소년들에게 형식상의 자유가 주어졌는데, 저는 그 자유를 만끽하면서 청소년기를 보낸 셈입니다.

그리고 그 후에, 다시 청소년에 대한 억압이 시작됩니다. 학교가 거대한 감옥이 되면서, 공식적 감옥인 학교 그리고 돈 내고 가는 감옥은 학원, 그렇게 10대들에 대한 통제가 시작됩니다. 민주화 정권이 왔다고는 하지만, 중·고등학교는 점점 더 감옥으로 변해갑니다. 제가 사회적 발언권이 생겼을 때부터 지금까지 일관되게 주장한 것이 10대에 대한 해방입니다. 자유를 느껴보지 못한 사람이 어떻게 자유의 소중함을 알고, 그렇게 자유를 만끽해보지 못한 사람이 어떻게 자유가 생겼을 때 그 자유를 누리는 법을 알겠는가, 제 생각은 그렇습니다.

민주화 정권이 시작되었을 때, 흔히 모피아MOFIA라고 부르는 경제 관료들과 대기업들이 새로운 이데올로기를 만들어내게 되는데, 그게 바로 '10대를 위한 경제 교육'이라는 것입니다. 물론 경제학이라는 관점에서 보면, 도저히 이론이나 학문이라고 부를 수도 없는 "돈이 최고다"라는 것을 주입하는 교육인데, 가진 사람들은 그렇게 10대들에게 돈이 최고라는 것을 미리 가르쳐놓으면, 결국 자신들의 정치적 힘이 강해진다고 생각했습니다. 우리는 그걸 '경제 근본주의', 즉 종교나 가치와 같은 근본적인 것들이 가 있을 자리에, 경제라는 이름으로, 돈이 가 있는 특별한 이념이라고 보았습니다.

사교육을 강화하면서 청소년에게 자유를 뺐고, 창의적이면서도 다른 사람들을 생각하는 정신을 없앴고, 또 다른 한편으로는 돈에 대한 이데올로기를 강화하는 게, 한국 경제의 1퍼센트들이 지난 10년간 만들어낸 장치였습니다.

제가 만들고 싶은 한국은, 10대들이 해방될 수 있는 그런 한국입니다. 2시에는 끝나서 집에 갈 수 있고, 수요일은 휴일로 만드는 그런 상상을 해봅니다. 그리고 그렇게 늘어난 시간에 문화와 예술 그리고 독서와 같은 자신들의 일을 하고, 정부와 지자체가 그런 문화 프로그램들을 지원할 수 있는 상황, 그게 제가 바라는 한국의 모습입니다.

그러면 일은 누가 해? 걱정할 필요 없습니다. 1인당 국민소득이 6만 달러를 넘어선 스위스의 대학 진학률은 30퍼센트가 안 됩니다. 우리 식으로 얘기하면, 대부분의 고졸이

스위스나 스웨덴 경제를 이끌어가는 셈입니다. 그래도 우리보다 세 배 이상 잘삽니다. 그걸 뒷받침해주는 게, 다양한 교육과 충분한 여가 그리고 사회 구성원을 버리지 않고 가는 공동체 의식 같은 것입니다.

세계에서 제일 비싼 시계가 스위스 시계이고, 실용적 칼의 대명사가 된 스위스 칼, 이런 것들이 모두 고졸들이 반농반공, 1년에 절반은 농사를 짓고, 나머지 절반은 공업에 종사하는 그런 독특한 분위기에서 나옵니다. 그러면 그 나라 사람들은 죽으라고 일만 하느냐?

9~10시 사이에 출근하고, 5시면 대부분 퇴근하고, 6시면 슈퍼들이 닫기 시작합니다. 7~8시 사이에 대부분의 구멍가게까지 문을 닫고, 사람들은 집으로 돌아갑니다. 식구들이 모여서 같이 저녁 식사 하지 않는 삶, 스웨덴이나 스위스 혹은 노르웨이 같은 곳에서는 상상하기 어렵습니다. 게다가 연간 휴가는 우리보다 한 달 이상 많습니다.

그 대신 우리와의 차이점이, 그 나라에서 태어난 사람은 절대 버리지 않겠다는 일종의 공동체 의식 같은 게 있습니다. 이건 우리가 지난 10년간 걸어온 길과 정반대의 길입니다. 유럽에서 유일한 시계 전문학교가 스위스에 있습니다. 이런 다양한 방식으로 고졸, 즉 중등 교육을 마친 사람들이 시민으로서 살아가게 해놓고, 정말로 전문적으로 학문을 더 하고 싶은 사람들이 대학에 가도록 하고 있습니다. 이건 유럽 국가들이 대부분 그런데, 연간 등록금이 20만~30만 원 정도 되고, 27퍼센트 내외의 대학 진학률을 기록하고 있습니다.

21세기 경제는 '창의성의 경제'라고 합니다. 이게 전 세계 모든 국가의 문제를 다 풀어줄 것이라고 믿지는 않습니다만, 선진국은 대체적으로는 이 방향으로 가고 있고, 우리도 이 방향으로 가는 길 외에는 다른 길이 없다고 저도 생각합니다. 그러나 우리는 청소년들을 감옥에 밀어 넣고, 이게 길게 보면 도움이 안 된다는 사실을 매우 잘 알면서도 일단은 대학에 가라고, 서로 책임질 수 없는 사기극을 벌이고 있습니다.

제가 작년에 본 가장 황당한 장면 중의 하나에 대해서 얘기해보겠습니다.

"자기주도형 학습"이라고 쓴 노란 버스가 강남에 지나가고 있었는데, 저는 그게 노예선처럼 보였습니다. 버스가 자신들을 태워 지옥으로 끌고 가는데도 얌전히 있는 자녀들이 자기주도형 학습을 하게 될 거라고 믿는 부모들은, 보편적 시각으로 본다면 아동 학대 혹은 청소년 학대에 해당할 겁니다. 다만 우리는 많은 부모가 그런 학대를 자식 사랑이라고 생각하니까, 문제 삼고 있지 못하는 거겠죠.

선진국이 된 나라는 사회적 연대, 공동체, 시민 의식, 나눔, 이런 몇 가지 공통점을 가지고 있습니다. 학원으로 내몰리고, 경쟁에서 뒤처진 학생들을 패자로 간주하는 우리가 10대들을 내몰았던 모습과는 정반대 방향으로 가고 있는 셈이죠.

우리는 시장 경제라는 것을 외국에서 받으면서 형식은 받아 왔는데, 그걸 진짜로 안정되게 작동시키는 내면의 모습은 가져오지 않았습니다. 그래서 한국은 지옥과 같은 곳이 되었고, 10대는 그중에서 가장 극심한 불지옥 같은 데 들어가 있는 겁니다. 경쟁, 그것은 사람을 죽이기 위해서 하는 게 아닙니다. 더 효율성을 높이기 위한 경쟁, 그러나 한국에서는 그게 아니라 정말로 약자를 죽이는 방식의 경제 교육을 하고 있고, 그걸 시장 경제라고 부릅니다.

이렇게 생각해봅시다. 어느 학교나, 어느 반에나, 한국은 '앞에서 5등'을 놓고 교육을 진행합니다. 중간에 있는 학생들은 오거나 말거나, 일반적으로는 앞에 있는 학생들을 놓고 교육을 합니다. 그러나 논리적으로, 어느 반에서나 '뒤에서 5등'은 존재하겠지요. 아무리 특수 학교나 특수 지역이라, 정말 공부 잘하는 학생들만 모여 있다고 하더라도 반드시 '뒤에서 5등'은 생기기 마련입니다.

우리는 이 5등들을 학교에서 버리고 왔습니다. 가난해서일 수도, 공부에 유달리 재능이 없어서일 수도, 혹은 자기를 지킬 만한 사회적 인성이 덜 발달되어 '왕따'의 피해자가 되어서든지, 어쨌든 다양한 이유로 '뒤에서 5등'은 생겨납니다. 사람 사는 세상은 늘 그렇다고 생각하시나요?

제가 본 선진국은, 이 뒤에서 5등을 어떻게든 챙겨 국민 경제 내에서 충분히 자신의 몫을 할 수 있도록 하는 그런 나라입니다. 이 뒤에서 5등을 그냥 버리고 간 나라들은, 겉으로는 풍요로워 보여도 장기적으로는 자신의 잠재력을 발휘하지 못하고 선진국 문턱에서 뒤로 밀린 나라들입니다. 한국이 지금 딱 그런 모습입니다. '뒤에서 5등'에게 어떻게 사회적 행복을 만들까요? 그게 우리와 여러분 앞에 던져진 질문입니다.

다른 건 몰라도, 경제 공부는 10대 때 할 필요가 없다고 생각합니다. 그 나이에는 더 많은 책을 읽고, 영화도 더 많이 보고, 더 즐거운 것을 많이 누릴 필요가 있다고 생각합니다. 한국이 진짜 선진국이 되었을 때, 우리의 10대들에게도 그런 자유가 생겨날 것입니다. 다만 그 나이에, 자신이 앞에서 5등이든, 앞에서 5등 근처에 있든, 같은 반에 '뒤에서 5등'이 있고, 여러분의 미래를 그들과 같이 살아야 한다는 것을 배우는 걸로 충분하다고 생각합니다.

'뒤에서 5등'은 도태되고, 사회에서 패배자가 되는 게 당연하다고 생각하시는 분, 한번 곰곰이 세상에 대해서 다시 생각해보시길 바랍니다. 이렇게 생각하는 분이 경제학을 배우면 세상은 순식간에 지옥이 되어버립니다. 경제 대통령에 우리가 열광하는 동안 만들어졌던 매우 특수한 지난 몇 년, 바로 '뒤에서 5등'을 짓밟고 '앞에서 5등'이 되는 것이 세상 살아가는 이유라고 생각한 사람들의 손에 경제학이 들어갔기 때문에 생긴 비극이 아닐까요?

호혜, 공동체, 나눔, 사회적 책임, 노동권, 생태, 이런 복잡한 개념들은 몰라도 상관없습니다. 다만 '뒤에서 5등'과 어떻게 행복한 세상을 만들 수 있을까, 잠시라도 꿈꾸어보는 것만으로도 10대 때 할 수 있는 경제 공부는 다 했다고 생각합니다. 세상 모든 일이 다 그렇지만, 경제도 사람이 하는 일입니다. 사람을 잊어버린 경제라는 것은 장기적으로 지속가능하지 않습니다.

여러분이 제 나이가 되었을 때, 부디 지금과 같이 인간이 인간을 존경으로 대하지 않고, 인간이 인간을 증오하는 것

을 경제라고 믿지 않는 그런 시대가 펼쳐져 있기를 희망합
니다. 총으로 만들 수 있는 평화가 없듯이, 돈으로 만들 수
있는 번영이란 존재하지 않습니다.

우석훈

서울에서 태어나 프랑스 파리에서 경제학을 공부했다. 인생의 4분의 1을 독일·프랑스
·영국·스위스 등 외국에서 지냈고, 유엔 기후변화협약의 정책분과 의장과 기술이전분
과 이사를 마지막으로 국제 협상과 공직 생활을 은퇴했다. 이후 '가난한 자유'를 통해
삶의 평온을 찾았고, '명랑'으로 행복을 배웠다. 현재 성공회대학교에서 강의하고, 팟캐
스트 방송 〈나는 꼽사리다〉에 출연하고 있다. 주요 저서로는 〈아픈 아이들의 세대〉 〈한
미 FTA 폭주를 멈춰라〉 〈직선들의 대한민국〉과 한국경제대안 시리즈 〈88만원 세대〉
〈샌드위치 위기론은 허구다〉 〈촌놈들의 제국주의〉 〈괴물의 탄생〉 〈조직의 재발견〉 등이
있다.

나는 다시 흘러가리라

・ 12 ・

최병성(목사)

나는 다시 흘러가리라.

4대강 괴물 댐을 부셔

나는 다시 흘러가리라.

변종운하에 갇혀 썩은

마지막 한 방울까지

나는 다시 흘러가리라.

금빛 모래 다시 쌓이고

철새들 다시 돌아와

힘찬 날갯짓하는 그날을 향해

나는 다시 흘러가리라.

고등학생들이 "나는 다시 흘러가리라"라고 4대강의 아픔을 절절히 노래 불렀습니다. 그들의 노랫소리를 듣다 파괴돼가는 생명의 강이 안타까워 땅을 치며 통곡하다가 스스로 놀라 벌떡 깨고 보니 꿈이었습니다.

꿈속에서 학생들이 목 놓아 부르던 "나는 다시 흘러가리라"라는 노랫말은 이미 파괴되고 변종운하 괴물 댐에 가로막혀 더 이상 흐르지 못하는 절망을 보여주고 있습니다. 그러나 지금의 절망스러운 현실이 전부가 아니라고 이야기합니다. 다시 흐르고 또 흘러 철새들이 돌아오는 생명의 강으로 회복될 것이라며 절망을 뛰어넘는 희망이 가득 담겨 있습니다.

세계 역사에 유래 없는 불법 공사

마침내 이명박 대통령의 4대강 사업이 완공을 향해 달려가고 있습니다. 강의 모래는 다 파먹었고, '보'라 부르는 16개의 거대한 댐이 그 위용을 자랑하기 시작하였습니다. 공사를 시작한 지 단 2년도 되지 않아 690킬로미터가 넘는 4대강 변종운하를 완성한, 세계 그 어디서도 유례를 찾아볼 수 없는 쾌거를 이뤄냈습니다.

이처럼 놀라운 세계 유일의 역사를 이루기 위해 22조 원이 넘는 4대강 공사의 환경영향평가를 단 4달 만에 졸속으로 해치운 환경영향평가법 위반, 국회 예산 심의 없이 사업을 조기 착공한 헌법 제54조 위반, 500억 원 이상 대규모 사업에 반드시 해야 할 예비 타당성 조사를 하지 않은 국가재정법 제38조 위반, 하천법 상위 계획에 위배된 하천법 위반 등 4대강 사업은 수많은 불법과 편법으로 가득하지요. 더욱 놀라운 사실은 온 나라가 구제역으로 350만 마리가 넘는 소·돼지와 조류인플루엔자로 500만 마리가 넘는 닭과 오리를 생매장하는 일이 벌어졌지만, 대통령은 마치 전쟁이라도 난 듯 4대강 죽이기에만 몰두했다는 것입니다.

'녹색 성장'이라는 가짜 녹색으로 포장된 4대강엔 갈기갈기 찢기고 처절하게 파괴된 생명들의 절규가 흐릅니다. 이명박 대통령 임기 내 완공을 위해 밤낮 없는 무리한 공사로 얼음물에 빠져 죽고, 무너진 모래 더미에 깔려 죽는 등 비명횡사한 24명 노동자들의 안타까운 피울음도 함께 담겨 있습니다. 4대강 사업은 한마디로 수많은 생명의 죽음을 부른 망국적 사대강死大江 사업이라고 할 수 있습니다.

4대강과 청소년은 무슨 상관이 있을까요?

'강江'을 생각하면 떠오르는 그림이 있습니다. 굽이굽이

산을 휘감고 흐르는 맑은 물, 햇살에 반짝이는 금빛 모래, 쉼 없이 소살거리며 노래하는 여울, 여유로운 몸짓으로 오가는 물고기, 모래펄에 깃든 작은 새들의 청아한 노랫소리, 물을 박차며 뛰어오르는 철새들의 웅장한 비상, 수많은 생명을 품어주는 우거진 버드나무와 바람 따라 춤을 추는 갈대……. '강'이란 이 모든 것의 총합입니다. 이 중 하나라도 빠진 강은 더 이상 강이 아닙니다. 강은 4대강 사업처럼 단순히 썩은 물만 가득 모아놓은 곳이 아니기 때문입니다.

'강'의 반대말은 '댐'입니다. 댐은 강의 흐름을 정지시켜 강의 생명을 파괴합니다. 4대강 사업은 흘러야 할 강에 16개의 대형 댐을 건설한 '생명의 강 죽이기'입니다. 4대강 사업 후에는 더 이상 '강'은 없고 줄줄이 이어진 '댐'만 있을 뿐입니다.

우리는 흐르는 강을 원합니다. 강이 '흐름'을 잃어버리면 '맑음'과 함께 그 안에 깃든 모든 것을 잃어버리기 때문입니다. 고여 있는 물은 더 이상 강이 아닙니다. 강은 언제나 산을 휘감고 굽이쳐 흐르기에 강입니다. 강은 이 세상에서 가장 낮고, 이 세상에서 가장 넓은 바다를 향해 달려가기를 멈추지 않습니다. 흐르는 것이 강의 본질이기 때문입니다.

흐르는 강은 우리가 생명을 배우고 희망을 노래하며 꿈

꿀 수 있는 살아 있는 학교입니다. 우리는 흐르는 강에서 모든 생명과 친구가 됩니다. 여울의 거센 물살을 거슬러 올라가는 물고기들을 보며 역경에 굴하지 않는 굳센 기상을 배웁니다. 얕은 물가를 좋아하는 원앙과 많은 철새들과 함께 물장구치며 내 마음속에 소중한 추억의 앨범을 만들어봅니다. 강가 모래밭에 알을 낳고 새끼들을 키우는 꼬마물떼새를 바라보며 자연과 더불어 살아가는 행복을 배웁니다. 그러나 변종운하인 4대강 사업은 우리를 강과 단절시키고 이 모든 소중한 가치와 행복을 파괴하였습니다.

산과 강이 만나 서로를 보듬고 흐르는 한 폭의 풍경화는 하늘이 준 선물입니다. 강은 단순히 부가가치라는 탐욕의 눈으로는 볼 수 없는 더 큰 가치입니다. 건설업자들의 주머니만 배불리는 4대강 개발 이윤보다, 잘 보존된 강은 다음 세대를 위한 더 큰 희망이요 미래입니다. 아름다운 자연이 세계 문화유산이 되는 새로운 세상에선 흐르는 생명의 강이 다음 세대에게 물려줄 가장 큰 자원이기 때문입니다.

새 시대는 '개발'이 아니라 '보존'이라는 패러다임의 전환을 요구받고 있습니다. 삽질 만능의 낡은 패러다임으로는 새 시대를 만들 수 없습니다. 자연이 살아 있던 4대강은 미래 세대에게 무한한 가능성이었습니다. 그러기에 생명의 강을 파괴한 4대강 사업은 국가적 손실이요, 우리의 행복을 빼앗아 간 잘못이요, 미래 세대의 희망을 파괴한 범죄입니다. 제5공화국의 전두환 대통령은 국민의 생명을 살생했고, 이명박 대통령은 생명의 강을 처참히 도륙했습니다.

4대강은 철鐵 Fe새의 낙원

이명박 대통령은 우리의 강이 철새도 찾지 않고, 물고기도 살지 않는 죽음의 강이라며 4대강 사업이 끝나는 2011년이면 4대강이 철새들의 낙원으로 비상하고, 생명의 쉼터로 바뀌게 될 것이라고 홍보하였습니다. 과연 그럴까요?

우리는 흔히 철새 하면 물속에 잠수하여 물고기를 잡아먹는다고 생각합니다. 이것은 우리의 오해이지요. 철새는 크게 두 종류로 나눌 수 있습니다. 비오리나 논병아리처럼 물속에 잠수하여 물고기를 잡아먹는 잠수성 오리와 잠수하지 못하고 얕은 물가에서 머리만 물속에 처박고 수초 뿌리와 갯지렁이 등을 먹고 사는 수면성 오리입니다. 수면성 오리가 잠수하지 못하는 이유는 신체 구조가 수면 위에서 수영만 가능할 뿐, 잠수를 할 수 없게 만들어져 있기 때문입니다.

얼마 전 많은 이에게 사랑받았던 〈마당을 나온 암탉〉이라는 애니메이션 기억하나요? 주인공인 청둥오리는 수영과 잠수는 물론, 물고기 사냥에 아주 뛰어난 실력을 보여줍니다. 실제 청둥오리도 그럴까요? 청둥오리는 잠수하지 못하는 수면성 오리입니다. 그리고 물고기보단 수초 뿌리와 갯지렁이 등을 먹고 사는 녀석이지요. 자연에 대한 우리의 무지가 이런 작은 오해를 만든 것 아닐까요?

더 놀라운 진실이 있습니다. 우리나라를 찾아오는 철새들의 94퍼센트는 얕은 물가를 좋아하는 수면성 오리입니다. 철새들의 낙원을 만든다는 4대강 사업의 핵심은 강을 6~10미터로 깊이 준설하는 것입니다. 4대강 사업 덕에 우리 강들이 수심이 아주 깊은 수로가 되었습니다. 그동안 우리나라를 찾던 철새들이 더 이상 4대강에 올 수 없게 된 것이지요. 바로 이 때문에 4대강 사업을 철새들에게 사형 선고라고 말합니다.

4대강은 이미 흑두루미와 두루미와 백조 등 매년 온갖 희귀 철새들이 찾아오는 철새들의 낙원이었습니다. 그런데 4대강 사업으로 철새들의 낙원을 만든다는 이명박 대통령의 궤변으로 인해 강변엔 철鐵 Fe로 만든 힘센 굴삭기와 덤프트럭만 가득했습니다. 결국 하늘이 만든 철새는 쫓겨나고, 건설업자의 주머니만 채워주는 철鐵 Fe새들만 가득했지요.

철새 중에 우아함을 뽐내는 새라면 백조라 부르는 큰고 니를 빼놓을 수 없습니다. 수면 위를 박차고 뛰어가며 하얀 날개를 활짝 펴고 비상하는 모습은 가히 장관입니다. 그래 서 4대강 홍보 동영상에는 새롭게 탈바꿈한 4대강에 백조 들이 훨훨 날아가는 그림으로 가득합니다. 과연 그럴까요?

이명박 대통령이 4대강 사업의 모델로 여의도 앞의 한강 을 제시했습니다. 사실 지금 서울의 한강은 전 현대건설 사 장이었던 이명박 대통령이 1982~1986년에 한강 개발로 만 든 작품이지요. 여의도와 잠실 앞 한강에 나가면 강변 모래 는 한 톨 보이지 않고 바다처럼 물만 가득합니다. 백조는 단 한 마리도 없으며 백조를 닮은 플라스틱 오리 배만 둥둥 떠 있을 뿐입니다.

팔당대교 아래 가래여울이라 부르는 모래톱에는 매년 많 은 백조가 정겹게 노닙니다. 이곳은 이 대통령의 자랑인 잠 실과 여의도에서 겨우 5~10분 거리에 불과합니다. 그런데 서울 코앞인 팔당까지 찾아온 백조들이 단 5분 거리인 잠실 과 여의도 앞 한강엔 절대 날아오지 않습니다. 왜일까요? 이는 이명박 대통령의 한강 개발로 수심이 깊고 주변에 습 지가 다 파괴되어 먹을 것이 없기 때문입니다.

백조는 얕은 물가를 좋아하는 수면성 오리입니다. 싱크

로나이즈라는 수중 발레를 본 적이 있나요? 백조들이 수중 발레처럼 머리를 물속에 처박고 까만 다리를 하늘로 치켜들고 먹이를 찾는 것은 수면성 오리이기 때문입니다.

강변 모래밭을 터전으로 살아가는 꼬마물떼새와 흰목물떼새도 있습니다. 조막만 한 이 녀석들은 모래를 살짝 파고 네 개의 알을 낳습니다. 이들에게 모래밭이 꼭 필요한 이유는 알껍데기 모양뿐만 아니라, 알에서 깨어난 아기 새의 깃털 모양이 영락없이 모래를 닮았기 때문이지요. 힘없는 아기 새들이 적의 공격에서 살아남기 위해 모래와 똑같은 깃털 모양으로 위장한 것입니다. 강변 모래를 다 파먹은 4대강 사업 덕에 꼬마물떼새와 흰목물떼새도 더 이상 우리 곁에 살 수 없게 되었습니다.

이명박 대통령이 자랑하는 여의도 앞 한강변에선 큰고니뿐만 아니라 원앙, 물총새, 꼬마물떼새, 심지어 그 흔한 개구리조차 볼 수 없습니다. 콘크리트로 처발라 썩은 물만 가득 채운 강엔 그 어떤 생명도 깃들 수 없기 때문입니다. 4대강 사업으로 철새 낙원을 만든다고 하였지만, 4대강 사업의 실체는 철새 낙원인 4대강 파괴에 불과했습니다.

'많은 물'이 아니라 '다양한 환경'이 관건

혹시 조금 오래되긴 했지만 1999년에 만들어진 〈쉬리〉라는 영화를 본 적이 있나요? '쉬리'란 물고기 이름입니다. 영화 내용에는 '쉬리'가 등장하지는 않지만, 이 영화 덕에 '쉬리'는 20세기 말 더없이 뛰어난 영웅이 되었지요.

쉬리는 전 세계에서 대한민국에만 사는 희귀 물고기입니다. 그런데 쉬리는 맑은 물을 좋아하여 물살이 거세게 흐르는 얕은 여울에 살아갑니다. 강의 신비는 여울에 있습니다. 흐르던 물길이 여울에 부딪히며 하얀 포말을 일으키면, 물의 표면적이 넓어지며 공기 중의 산소를 품게 되어 강물이 더욱 맑아집니다. 이런 까닭에 여울을 일컬어 하늘이 만든 천연 정수기라고 부르지요. 특히 여울은 물고기들의 산란장입니다. 천연기념물 어름치는 여울이 시작하는 곳 바로 위에 알을 낳고 그 위에 돌을 물어다 산란 탑을 쌓습니다. 어름치는 여울이 없으면 산란을 할 수 없습니다.

자신의 맑음으로 수많은 생명을 품어주고, 끊임없이 생명을 잉태케 하는 여울은 거룩한 생명의 터전입니다. 그런데 강을 준설하는 4대강 사업은 모든 여울을 다 파괴하여 깊은 수로를 만들었습니다. 천연 정수기인 여울이 사라지면 강물은 썩을 수밖에 없고, 터전을 잃은 쉬리·돌상어·꾸구리·어름치·흰수마자 등은 더 이상 4대강에서 살 수 없게 되었습니다.

대한민국 하천법상의 최상위 법인 수자원장기종합계획(2006~2020년)에도 "한반도 고유종은 깊은 물이 아니라 얕은 자갈 바닥에 사는 물고기이기에 여울을 파괴하여 호수처럼 만들면 안 된다"라고 분명하게 밝히고 있습니다. 4대강 사업은 여울을 파괴하지 말라는 대한민국의 최상위 법을 어긴 불법입니다.

많은 사람이 강에 물이 많아야 좋다고 생각하지만, 그건 우리의 무지에 불과하지요. 진짜 강이란 '많은 물'이 아니라, 얕은 '여울'과 깊은 '소'가 반복되고 주변에 습지와 모래밭이 있는 '다양한 환경'이 조성되는 것이 가장 중요합니다. 다양한 환경이 있어야 다양한 생명이 깃들고 물이 맑아집니다. 여러분, 생명의 강이란 '많은 물'이 아니라 '맑은 물', 그리고 '다양한 환경'이라는 사실 꼭 기억해주세요.

국토 개조의 끔찍한 재앙
여기서 멈춰야 합니다

요즘 정부는 4대강 사업 홍보를 위해 여기저기에서 빼돌린 전용 예산으로 거짓말 가득한 4대강 광고를 쏟아내고 있습니다. 이는 '홍보'가 아니라 국민을 바보로 만드는 '세뇌'입니다. 그러나 4대강 변종운하에 아무리 장밋빛 칠을 덧입혀도 국토 파괴 재앙의 진실은 결코 변하지 않습니다.

4대강 사업이 왜 국토 파괴 재앙인지 그 증거는 쉽게 찾을 수 있습니다. 지난 2011년 여름, 100년 동안 굳건히 자리를 지켜오며 근대 문화유산으로 지정된 칠곡 왜관철교가 무분별한 4대강 준설로 인해 붕괴되었습니다. 저는 이미 2년 전에 4대강 사업으로 강을 준설하고 교량 보호 공사를 제대로 하지 않으면 칠곡 왜관철교 등의 다리가 붕괴된다고 경고했습니다. 칠곡 왜관철교 붕괴 소식을 들은 많은 분이 2년 전 4대강 재앙을 경고한 제 글을 찾아 읽고 너무도 정확한 예언에 소름끼친다며 놀라워했습니다. 그러나 이는 전혀 놀랄 일이 아니랍니다. 4대강 사업은 과학이 아니라 아주 기초적인 상식조차 지키지 않는 잘못된 공사였기에, 4대강 사업이 초래할 재앙을 정확히 예견할 수 있었을 뿐이지요.

다리 붕괴와 취수장 사고를 예견한 제 글을 읽은 여러 언론사 기자들이 다음 재앙은 무엇이냐고 물어왔습니다. 우리 친구들은 앞으로 4대강에서 발생할 재앙이 무엇이라고 생각하나요? 이명박 대통령의 4대강 사업 덕에 다가올 재앙들을 예견하는 것 역시 어렵지 않답니다.

지금 4대강에서는 16개 괴물 댐에 물을 가둔 지 두 달도 되지 않아 벌써 녹색으로 변하는 사태가 벌어지고 있습니다. 이 대통령이 늘 입에 달고 있던 '녹색 성장'을 제대로 보여주고 있지요. 앞으로 4대강의 물이 썩기 시작하면 국민들은 심각한 물 부족 사태를 겪게 될 것입니다. 4대강 16개 괴물 댐 덕에 유람선이 떠다닐 수 있는 썩은 물은 넘치지만, 국민이 안전하게 마실 '맑은 물'이 없기 때문입니다. 여의도 앞 한강에 물은 많으나 죄다 썩어 취수장이 단 하나도 없는 것과 똑같은 이치입니다. 한강 잠실수중보로 인해 항상 물이 넘치고 있음에도 불구하고 서울시가 1,800억 원을 들여 구의·자양취수장을 물이 맑은 상류로 이전하였습니다. 4대강 물이 썩기 시작하면 엄청난 국민 혈세를 퍼부어 취수원을 이전해야 하는 대재앙을 맞게 될 것입니다. 많은 물이 중요한 것이 아니라 흐르는 맑은 강물이 더욱 중요하다는 사실, 이미 앞에서 함께 나눈 것 기억나지요?

4대강 재앙은 썩은 물 취수 대란에 그치지 않습니다. 4대강 16개 괴물 댐에 가둔 물은 어느 날 거대한 물 폭탄이 되어 국민들에게 고통으로 다가올 것입니다. 그동안 4대강의 홍수를 막아주던 강변 습지를 파괴하고 썩은 물로 가득 채운 4대강은 국민의 생명과 재산을 쓸어 갈 흡혈귀로 변신

중입니다. 4대강 사업은 '홍수 예방'이 아니라, 홍수를 유발하는 '물 폭탄'을 제조한 것이지요.

　이명박 대통령은 홍수 예방을 위해 4대강 사업이 필요하며, 4대강 사업이 완공되는 2011년이면 모든 자연 재난에서 벗어난다고 주장했습니다. 그런데 지난 2011년 7월 말, 서울, 경기 북부의 집중 호우로 59명이 사망하고 10명이 실종되었습니다. 특히 서울 우면산 산사태로 16명이 사망했고, 강남역과 대치역 등 서울 시내가 수중 도시가 되었습니다. 그래서 정부는 경기도 포천시, 동두천시, 남양주시, 연천군, 춘천시, 가평군 등 9개 도시를 특별재난지역으로 선포하였습니다. 심각한 홍수 피해를 입은 9개 도시는 4대강 사업과는 아무 상관이 없는 곳입니다. 홍수란 4대강에서 나는 것이 아니라 전국의 지천과 샛강에서 발생한다는 사실을 증명한 셈이지요. 홍수를 예방한다던 이명박 대통령의 구호가 얼마나 놀라운 사기극이었는지 만천하에 보여준 것입니다.

　이명박 대통령은 홍수를 예방한다며 4대강 690킬로미터를 준설하였습니다. 그러나 이는 대한민국 총 하천 길이 6만 4,900킬로미터의 단 1퍼센트에 불과합니다. 1퍼센트 하천을 파서 나머지 99퍼센트 하천의 홍수를 예방한다는 것은 하나님도 불가능합니다. 그러니 이 대통령의 홍수 예방 주장은 한마디로 거짓말이지요.

4대강 사업이 홍수를 예방한다는 이명박 대통령의 주장이 사실이라면 더 서글프고 기막힌 진실이 여기 있습니다. 4대강의 길이가 대한민국 하천 길이 중에 1퍼센트밖에 되지 않듯, 4대강에서 발생하는 홍수 피해액은 대한민국 전체 연간 홍수 피해액의 약 1퍼센트인 200~300억 원에 불과합니다. 그런데 200~300억 원의 홍수 피해를 막기 위해 4대강 공사비 22조 원을 넘게 퍼부었습니다. 22조 원으로 끝이 아닙니다. 4대강 유지 관리를 위해 매년 6,000억 원을 퍼부어야 합니다. 또 수자원공사가 4대강 공사에 뜯긴 8조 원의 연간 이자 3,500억 원을 수년간 국민 세금으로 물어줘야 합니다. 한마디로 4대강 사업은 1원을 벌기 위해 1만 원을 쓴 것과 같습니다. 미치지 않고서는 할 수 없는 일이지요.

대통령이 거짓말로 국민을 속이는 나라, 누구나 거짓말임을 다 알고 있는데 그 많은 언론이 권력의 하수인이 되어 침묵하는 나라, 이게 바로 지금 서글픈 대한민국의 현실입니다. 잘못된 나라를 바로 세우기 위해선 우리 친구들이 4대강의 진실을 바로 알아야 하는 이유가 여기 있습니다.

4대강 재앙이 '썩은 물'과 '물 폭탄'에 그친다면 그나마

다행입니다. 국토 개조를 부르짖는 이명박 대통령 덕에 요즘 4대강에 연결된 지천마다 나이아가라 폭포의 축소판인 'MB야가라 폭포'와 그랜드 캐니언의 축소판인 'MB캐년'이 곳곳에 만들어지고 있습니다. 4대강 준설로 빨라진 유속을 지천이 감당하지 못하고 바닥이 패여나가고 제방이 붕괴되기 시작했기 때문이지요. 이런 현상을 역행침식이라고 부르는데, 지천이 붕괴되며 패여나간 모래는 어디로 갈까요? 지금 4대강 곳곳엔 모래가 도로 쌓이고 있습니다. 하나마나한 일을 위해 국민 세금 22조 원을 퍼부은 셈이지요.

지천 붕괴가 심각해지자 몰염치한 이명박 정부는 지천을 살린다며 20~30조 원에 이르는 공사를 주장하고 있습니다. 22조 원을 퍼부어 4대강을 파괴하고, 그것도 모자라 이제는 4대강 사업 때문에 붕괴되기 시작한 지천에 20~30조 원을 또 다시 퍼붓겠답니다. 학생들에게 무상급식 하면 나라가 망한다며 복지 포퓰리즘이라 떠들던 이들이 생명의 강을 죽이고, 국토를 파괴하는 데에는 국민 혈세 수십조 원을 밑 빠진 독에 물 붓듯 하는 것입니다.

반드시 '흘러야' 할 4대강

개구쟁이 소년인 톰 소여와 허클베리 핀의 모험을 그린

《톰 소여의 모험》은 마크 트웨인Mark Twain, 1835~1910이 미국 미시시피 강 유역을 배경으로 쓴 동화입니다. 아름다운 강은 우리에게 영감을 불어넣어주고, 그 영감이 위대한 소설과 영화와 음악과 그림으로 새롭게 태어나게 됩니다. 바로 이런 이유 때문에 강을 수로로 만든 4대강 사업은 여러분의 소중한 추억뿐만 아니라 후손들의 미래 자산까지 빼앗아간 잘못이라고 이야기하는 것이지요.

미국은 미시시피 강에 제방을 건설하여 인공 수로로 만들었습니다. 강가에 살며 흐르는 강의 특성을 익히 잘 알았던 마크 트웨인은 "거침없이 흐르는 강을 길들일 수 없다. 이리로 흘러라, 저리로 흘러라 하며 복종시킬 수 없다"라고 이야기했습니다. 지난 2011년 5월 미국은 미시시피 강의 수문을 열어 도시를 휩쓰는 홍수 재앙을 겪어야 했습니다. "거침없이 흐르는 강을 길들일 수 없다"라던 마크 트웨인의 경고는 미국뿐 아니라 우리나라에도 해당되는 예언입니다.

4대강이 다시 흘러야 하는 이유는, 강을 준설하고, 습지를 없애고 거대한 댐을 쌓은 4대강 사업은 물 폭탄 재앙을 부르는 잘못이기 때문입니다. 홍수 예방을 빙자한 4대강 사업이 얼마나 어리석고 잘못된 공사인지는 이미 외국의 많은 사례가 증명하고 있습니다.

이명박 대통령이 운하를 배워 온 독일 라인 강은 운하로 변한 후 200년 빈도의 홍수가 6년마다 발생하는 위험에 시달리고 있습니다. 독일 환경부 장관 요제프 라이넨Josef Leinen, 1948~은 1994년 라인 강의 대홍수의 원인으로 "라인 강변의 초지를 너무 많이 포장하고, 강을 너무 많이 직선화했기 때문"이라고 밝혔습니다. 그래서 독일은 라인 강의 홍수를 막기 위해 제방을 헐어 갈대와 물풀이 자라는 자연의 강으로 다시 조성하였습니다. 영국 역시 런던의 홍수를 막기 위해 제방을 없애고, 옥스퍼드 외곽 템스 강의 범람원을 다시 복원하고 하류에는 습지를 재조성하고 있습니다.

세계는 지금 운하가 생태계를 파괴하고 홍수를 일으키는 잘못임을 깨닫고 자연의 강으로 되돌아가고 있습니다. 독일 뮌헨 시는 150년 전에 운하로 만들었던 이자르 강을 모래톱과 여울이 있는 자연의 강으로 되돌렸습니다. 스위스의 투어 강과 미국의 키시미 강 역시 운하로 파괴된 강을 자연의 강으로 되돌리는 작업을 하였습니다. 운하를 자연의 강으로 되돌리는 요즘, 이명박 대통령은 아름다운 4대강을 변종운하로 만들었습니다. 세계화를 부르짖으면서 세계적 추세와는 거꾸로 가는 청개구리 짓을 한 것이지요.

4대강을 살릴 희망을 함께 만들어요!

국민의 반대에도 불구하고 완공된 4대강 사업을 보며 이젠 돌이키기에는 너무 늦었다며 절망하는 분이 많습니다. 절대 아닙니다. 아직도 우리는 생명의 강을 다시 회복할 희망이 있습니다.

4대강이 우리 곁에 흐르기 시작한 것은 어제 오늘의 일이 아니지요. 오랜 세월 이 땅을 흘러온 강은 앞으로 또다시 수백 년, 수천 년을 흘러가야 할 생명의 강입니다. 인간이 만든 구조물의 수명은 기껏해야 수십 년에 불과합니다. 또다시 흘러야 할 강의 끝없는 시간을 기억한다면, MB표 4대강 변종운하는 강의 긴 역사 중에 작은 점에 불과하다는 사실을 알 수 있습니다.

100년이 넘은 운하에서 생명의 강으로 거듭난 독일 이자르 강과 스위스 투어 강은 4대강도 생명의 강으로 다시 거듭날 수 있다는 희망을 보여주는 증거입니다. 한강에 있는 밤섬도 다시 흐를 4대강의 희망을 노래하고 있습니다. 밤섬은 마포8경으로 손꼽힐 만큼 아름다웠던 섬이었지만, 1968년 2월 여의도 개발을 위해 파괴되었습니다. 그러나 밤섬은 해마다 쓸려온 모래가 퇴적되며 다시 살아났습니다. 더 놀라운 것은 해마다 밤섬의 면적이 더 크게 자라고 있다는 사실입니다. 자연은 정지된 것이 아니라 살아 꿈틀거리는 생명체임을 보여주는 것이지요.

흔적도 없이 파괴되었던 밤섬이 겨우 20년 만에 철새들의 보금자리로 거듭난 것처럼, 비록 이명박 대통령이 4대강을 처참히 망가트렸지만 변종운하가 4대강의 끝이 아닙니다. 4대강은 다시 살아날 것입니다. 바로 이 때문에 4대강 사업이 완공되었다 할지라도 생명의 강을 회복하기 위한 우리의 노력을 결코 포기할 수 없습니다.

요즘 4대강에 관한 제 책을 읽은 초·중·고교 학생들이 종종 저를 찾아와 인터뷰를 하곤 합니다. 함께 강 이야기를 나누다 보면 초롱초롱해지는 친구들의 눈망울을 보게 됩니다. 하루는 인터뷰를 위해 다섯 명의 고등학생들이 우르르 찾아왔습니다. 인터뷰를 마치며 일어나던 한 친구가 "목사님은 지금 다섯 명의 환경운동가를 만드셨습니다"라고 힘주어 말했습니다. 벌써 1년의 시간이 흘렀지만, 아직도 이 감동이 제 가슴에 생생합니다. 제 글과 인터뷰와 강연을 통해 이 땅의 생명과 환경을 살리는 일을 전공으로 택했다는 친구들이 연락을 주곤 합니다. 생명을 향한 우리 친구들의 따뜻한 마음이 펼쳐갈 내일이 기대됩니다.

손과 발을 담글 수 있는 생명의 강은 바로 청소년 여러분의 강입니다. 맑은 여울 소살거리고 철새들 날아오는 생명의 강은 여러분이 꿈꾸는 희망과 생명의 학교입니다. 그럼에도 지켜내지 못한 것에 대해 아파하는 강의 생명들과 강의 주인인 청소년 여러분께 눈물로 사죄하는 마음입니다.

강의 생명은 '흐르는 역동성'에 있습니다. 강은 흐르기만 하면 홍수를 통해 스스로를 치유하며 다시 거듭나는 놀라운 생명력을 가지고 있습니다. 우리가 MB표 4대강 변종운하의 수문을 열어 강을 흐르게만 해주면 다시 생명의 강으로 거듭날 것입니다. 자연의 힘은 위대하기 때문입니다. 그 일을 위해 청소년 여러분의 관심과 지혜와 힘을 발휘하길 소망합니다.

최병성

사단법인 숲생태지도자협회 이사, 사단법인 기독교환경운동연대 집행위원, 서울환경운동연합 사업감사로 활동하고 있다. '불독' '1인 군대'. 세상 사람들이 그에게 붙여준 별명이다. 그가 한번 물면 문제가 해결될 때까지 결코 포기하지 않고, 조직이 없는 한 개인이지만 그가 이룬 일들은 어느 단체가 해낸 일보다 더 크기 때문이다.

국민의 거주 공간인 아파트가 산업 쓰레기로 만든 발암시멘트로 건축된다는 사실을 세상에 알리고, 시멘트 재벌과 정부와 홀로 수년간 싸워 제도 개선을 이뤄냈다. 표현의 자유를 억압하는 거대 권력 방송통신심의위원회를 대상으로 한 국내 첫 승소라는 쾌거를 이뤄냈다. 그는 세상을 바꾸는 한 사람의 힘이 얼마나 큰지 보여주는 산 증인이다.

환경재단이 선정한 2007년 세상을 밝게 만든 100인, 2007년 미디어다음 블로거 기자상 대상, 2008년 교보생명환경문화상 환경운동 부문 대상, 2010년 오마이뉴스 기자상 대상, 2011년 언론인권 특별공로상 등을 수상했다. 쓴 책으로 《대한민국이 무너지고 있다》 《강은 살아 있다》 《알면 사랑한다》 《이슬 이야기》 《딱새에게 집을 빼앗긴 자의 행복론》 《살아 있어 기도합니다》 《청소년을 위한 숲과 생명 이야기》 등이 있다.

어떤 꽃은 먼저 피고 어떤 꽃은 조금 늦게 피기 때문에
세상이 늘 꽃으로 아름다운 것이다.
먼저 피었느냐 늦게 피었느냐가 중요한 게 아니다.
얼마나 아름답고 향기롭게 피는 꽃이냐가 더 중요하다.

04

'더불어 삶'을 인문학에서 배우다

이정우 · 도종환 · 한정숙 · 이현우

우리가 남의 눈치를 보거나 신세 지지 않고, '나답게' 당당하게 존재하는 건 내가 바라보는 모든 것, 내게 들리는 모든 말을 의심할 때이다. 그렇게 미덥잖다는 표정으로 세상의 모든 일을 보류해놓는 주체, 그게 '나'이다. 왜? 나니까. 다른 이유는 없다. '너'가 아니기 때문에. '그'가 아니기 때문에. 바로 '나'이기 때문에.

'나'를 어떻게 만들어갈 것인가

· 13 ·

이정우(철학자)

　청소년 여러분, 여러분이 가장 고민하는 문제 중 하나는 아마도 '나'라는 것을 도대체 어떻게 이해하고 어떻게 만들어갈 것인가 하는 문제가 아닐까 싶습니다. '나'를 이해한다는 것은 내가 어떤 존재인지를 아는 것이고, 또 '나'를 만들어간다는 것은 내가 어떤 존재가 될 수 있을까를 고민하는 것입니다. 여기에서 이 문제에 대해 한번 생각해봅시다.

　그런데 '나'에 대해 생각하는 것과 '인간'에 대해 생각하는 것은 좀 다릅니다. 나 역시 인간의 한 요소이므로, 인간에 대한 파악은 곧 나에 대한 파악이 됩니다. 하지만 나

에게는 인간이라는 일반 개념으로 규정할 수 있는 부분 못
지않게 오로지 나의 고유한 측면에서밖에는 이해할 수 없
는 부분도 있습니다. 그래서 객관적으로 나를 규정하고 있
는 측면들을 정확히 이해하고, 동시에 그런 측면들로 해소
되지 않는 나 고유의 측면들을 만들어가야 합니다. 이렇게
우리의 삶이란 객관적 '인식'과 주관적 '창조'가 얽히는
과정이라 할 수 있습니다. 전자가 결여될 경우 우리는 주
관적인 환상에 사로잡히게 되고, 후자가 결여될 경우 우리
는 고유한 '나'를 만들어갈 수가 없는 것이죠.

고유한 '나'를 객관적으로 봐야 한다

우선 첫 번째 측면을 생각해봅시다. 우리는 세계와 우리
자신을 이해하기 위해 여러 가지를 공부합니다. 물리학을
통해 사물이 여러 작은 입자들로 되어 있다는 것을 배웁니
다. 또 생물학을 통해서 우리가 세포로 되어 있다든가
DNA를 통해서 유전을 한다든가 하는 것들을 배우죠. 정
신분석학자들은 우리의 무의식이 우리의 의식을 지배하고
있음을 가르쳐줍니다. 경제학자들은 우리 사회의 경제가
어떻게 변하고 있는가를 분석해줍니다. 언어학자들은 우
리가 쓰고 있는 말들의 심층적인 메커니즘을 밝혀 보여줍

니다. 이 외에도 숱한 형태의 과학들이 우리가 살고 있는 세계와 우리 자신에 대해서 말해줍니다. 우리는 이런 지식들을 통해서, 과학을 통해서 앎을 넓혀나갈 수 있죠.

하지만 이런 지식들을 아무리 쌓아도 해소되지 않는 한 가지, 아니 두 가지가 있습니다. 하나는 이런 과학적 사실들을 산더미처럼 쌓아놓아도 궁극적으로 '나', 이 고유한 나는 이런 사실들로 온전히 환원되지 않는다는 것입니다. 아무리 많은 지식을 동원해도 완전히는 해소되지 않는 그 어떤 나가 있다는 것이죠. 20세기 중엽의 장폴 사르트르 Jean-Paul Sartre, 1905~1980를 비롯한 여러 철학자들은 이런 고유한 나의 존재 방식을 '실존existence'이라고 표현하기도 했습니다. 그 무엇으로도 환원되지 않는 고유의 주체성 subjectivity, 이것이 곧 실존이죠.

또 하나, 과학적 지식들이 제시하는 내용이 다양해서 어떤 궁극적 지식으로 통합되지 않는다는 것입니다. 각각의 과학은 모두 인간을 어떤 특정한 틀로 환원해 설명해주지만, 문제는 그 틀이 하나둘이 아니라는 것입니다. 가끔씩 어떤 틀이 기존의 틀을 포섭함으로써 과학적 발전을 이루기도 합니다만, 이런 일은 매우 드뭅니다. 이렇게 다른 틀들을 어떤 틀로 환원해 설명하려 하는 것을 '환원주의

reductionism, 어떤 일정한 원리들을 설정해놓고서 모든 것을 그리로 소급해 설명하려 하
는 입장.-글쓴이라 합니다만, 그 어떤 환원주의도 성공한 적이
없습니다. 과거에는 철학자들이 형이상학적 사변을 통해
서 환원주의를 시도했고, 최근에는 예컨대 뇌과학이니 동
물행동학이니 하는 분야들을 비롯한 생명과학을 동원한
환원주의가 유행하기도 했습니다. 그러나 과학적 지식들
의 다원성은 어느 하나의 지식으로 결코 쉽게 환원되지가
않습니다. 그렇다면 우리는 도대체 그중 어느 것을 '진리'
로 받아들여야 하나요?

요컨대, 한편으로 어떤 지식들을 동원해도 '나'는 온전
히 해소되지가 않으며 또 다른 한편으로 그런 지식들 자체
도 통일되어 있지 않다는 것입니다. '나'라는 주체, 아니
그 이전에 개개의 개별적 존재, 개체, 개인 들은 그 어떤
틀로도 온전히는 환원되지 않습니다.

그렇다면 이런 지식들은 모두 쓸모없는 것일까요? 물론
전혀 그렇지 않습니다. 이런 지식들이 '나'를 온전히 해명
해주지 않는다고 해서 그것들이 필요 없는 것은 아닙니다.
각각의 과학은 인간의 어떤 측면을 매우 잘 밝혀주고 있기
때문입니다. 이런 측면들을 인식하지 못하고 자기 자신에
대해 주관적인 상상과 착각에 빠진다면, 이는 곤란한 일이

죠. 자신의 주관을 넘어 객관적인 지식을 쌓는 것은 중요합니다. 그래야만 자의적인 주체성의 환상에 빠지지 않을 수 있기 때문입니다.

그래서 지식들은 중요하지 않은 것이 아닙니다. 공부를 하지 않아도 되는 것이 아닙니다. 오히려 가능하면 많이 공부하는 것이 좋습니다.

왜 가능한 한 많이 공부하는 것이 좋을까요? 어느 한 지식만을 잘 아느니 차라리 지식이 없는 것이 더 낫기 때문입니다. 지식이 없이 단순한 상식에 따라 사는 것은, 물론 바람직하지는 않지만, 최소한 독단에 빠지지는 않기 때문이죠. 하지만 어느 한 지식만을 가진 사람은 오로지 그 지식만으로 세상을 보고, 오로지 그 지식에만 집착하기 때문에 오히려 몰상식한 인간이 되기 십상입니다. 생물학만으로 세상을 보는 사람은 인간의 언어, 문화, 역사, 정신 등등은 도외시하고 덮어놓고 뇌의 운동이니 세포의 분열이니 DNA니 하는 것들로 세상을 봅니다. 정신분석학만 공부한 사람은 덮어놓고 무의식이니 하는 것들을 동원해서만 사람을 봅니다. 특정 과학만을 공부한 사람은 차라리 건전한 상식을 가지고 살아가는 사람보다 오히려 더 못하게 되는 경우가 많죠.

그래서 공부를 할 때 가능하면 여러 분야, 여러 관점, 여러 틀을 많이 보는 것이 좋습니다.

아울러 항상 역사와 철학 두 분야를 많이 봐야 합니다. 왜일까요? 역사와 철학을 통해서 다양한 지식을 종합하고 거시적 안목을 기를 수 있기 때문입니다. 다른 분야들은 어느 특정한 영역을 다룹니다. 물리학은 물질을, 생물학은 생명체를, 경제학은 경제 현상을, 언어학은 언어를…… 다룹니다. 하지만 역사와 철학은 모든 분야를 종합해서 삶 전체를 바라보는 거시적 비전을 주는 분야이고, 때문에 늘 이 두 분야를 중심에 놓고서 다른 지식들을 종합하는 습관을 들이는 것이 좋습니다. 앞에서 특정한 과학(생물학과 정신분석학의 예를 들었습니다만)을 가지고서 세계 전체를 보려는 시도, 사실은 철학이 해야 할 일을 개별 과학으로 하려는 시도, 즉 사이비 철학이라고 할 수 있습니다(결국 모든 환원주의는 사이비 철학인 것이죠).

요컨대 ① 아무리 지식을 쌓아도 '나'라는 존재가 그 지식들로 온전히 환원되지는 않습니다. '나'는 고유한 실존이고, 그 어떤 것으로도 환원되지 않는 주체성입니다. ② 하지만 이것이 과학적 지식을 도외시해도 된다는 말은 아닙니다. 오히려 다양한 과학을 널리 공부해 교양을 쌓는 것이 '나'를 이해하는 데 필수적입니다. 그렇지 않으면 주관적인 착각에 빠져 살아가게 됩니다. ③ 늘 역사와 철학을 가지고서 여러 지식을 종합하는 안목을 기르는 것이 좋습니다(개별 과학을 가지고서 철학인 척하는 사이비 철학들을 조심해야 합니다). 그래야만 단순한 지식이 아니라 나의 사상, 사유, 비전을 기를 수 있습니다.

고유한 '나'도 관계 속에서 만들어진다

우리는 처음에 '나'에 대한 물음을 제기했고, 나를 이해·인식하는 것과 나를 만들어가는 것에 대해 이야기했습니다. 사실 지금까지 이야기한 것은 바로 나를 이해·인식하는 것이었습니다. 그 이야기를 하면서 공부 이야기로 약간 방향이 틀어진 감이 있습니다.

다시 우리의 문제로 돌아와서 생각해봅시다. 이제 나를 이해·인식하는 것에서 나를 만들어가는 것으로 방향을 돌려봅시다.

내가 아무리 많은 지식을 쌓는다 해도, 나아가 역사와 철학을 통해 나의 사유를 만들어간다 해도, 여전히 그런 사유로는 해결되지 않는 '나'가 남습니다. 이 대목이 바로 내가 '만들어가야' 할 나입니다. '나'를 인식하는 것만으로는 삶이 해결되지 않습니다. 행위하는 나, 내가 만들어 가야 할 나, (객관적 '나'가 아니라) 고유한 주체성으로서의 나가 남아 있기 때문입니다. 이는 인식의 문제가 아니라 창조의 문제입니다. 인식이 없는 창조는 주관일 뿐입니다. 하지만 창조가 없는 인식은 일반성에 그칠 뿐 고유한 나를 완성해주지는 못합니다.

그런데 나를 창조해간다는 것이 오로지 나라는 존재 그 자체 내에서만 가능할까요? 물론 아닙니다. 독립된 어떤 개체, 독립된 나의 주체성은 사실 가능하지 않습니다. 그 것은 일종의 환상입니다.

나는 언제나 어떤 특정한 관계 속에 들어 있는 나입니 다. 나아가 중요한 것은 '나'라는 존재가 먼저 있고 그러 고 나서 다른 존재와의 관계가 형성되는 것이 아니라는 점 입니다. 오히려 나의 나 됨은 특정한 관계를 통해서 성립 합니다. 예컨대 가족 안에서의 나와 학교에서의 나는 많이 다르죠? 사회에 나가 특정한 관계망들 속에 들어가면 그 때마다 '나'는 달라집니다.

물론 그렇다고 나의 나 됨이 오로지 관계를 통해서만 가 능한 것은 아니죠. 그럴 경우, '나'는 관계가 달라지면서 아예 다른 어떤 존재로 끝없이 변해버릴 테니까요. (안톤

체호프Anton Chekhov, 1860~1904의 〈귀여운 여인〉이라는 단편 소설이 있습니다. 여기에서 주인공은 여러 번 결혼하는데, 결혼할 때마다 배우자에 동일화되어버리죠identified. 배우자와 같아져버립니다. 이 여인에게는 '나'라는 주체성이 거의 없다고 해야겠죠.) 그렇다면 '나'라는 것은 의미를 상실해버릴까요? 물론 그런 것은 아닙니다. '기억'이라는 것이 존재하니까요. 현대 철학의 문을 연 앙리 베르그송Henri Bergson, 1859~1941은 그의 위대한 저서인 《물질과 기억》에서 기억을 심층적으로 해명하기도 했습니다. 그러나 이 경우에도 기억이란 딱 정해져 있는, 불변의 어떤 실체는 아닙니다. 나의 삶은 관계 속에서 계속 생성해가고, 기억이 연속성을 부여하기는 하지만 그 기억 자체도 계속 생성해가기 때문이죠. 그래서 '나'를 만들어간다는 것은 관계 속에서 생성해가는 것이지 나 자체 내부에서 가능한 것이 아닙니다. 이 사실을 깨닫는 것이 인생에서 가장 중요한 것들 중 하나라고 생각합니다.

19세기 초에 활동했던 게오르크 헤겔Georg Hegel, 1770~1831이라는 철학자가 있습니다. 헤겔은 '나'란 반드시 내가 아닌 다른 사람, 타인을 경유해서만 성립한다고 했습니다. 내가 내 안에 갇혀서 나를 이해하는 것을 좀 어려운 말로

'즉자적in itself' 수준이라고 했습니다. 그러나 참된 나는 타인과 부딪쳐보았을 때 알 수 있습니다. 타인과 부딪쳐서 내가 부정되어봐야 비로소 나를 알 수 있다는 것이죠. 이런 수준을 '대자적for itself' 수준이라 했습니다. 그렇게 부딪쳐서 (흔히 하는 말로) '깨져봐야', 그런 후에 다시 내게로 돌아와봐야 나를 비로소 잘 알게 되는 것입니다. 이렇게 부정의 과정을 거쳐서 나 자신에게 돌아온 나, 즉 단지 자신 내부의 환상에 사로잡혀 있는 나가 아니라 타인에 의한 부정을 거쳐 다시 자신에게로 돌아온 나가 바로 '즉자-대자적in-and-for itself 나인 것입니다. 그리고 이런 과정은 일회로 끝나는 것이 아니라 계속되어야 하며, 그런 계속적인 과정을 통해서 나는 성숙해갈 수 있습니다.

친구들과의 관계를 생각해봅시다. 나는 내가 뛰어나다고 생각하고, 다른 사람들보다 낫다고 생각합니다. 속담에도 "제 잘난 맛에 산다"라는 말이 있죠? '즉자적' 단계입니다.

하지만 사고가 성숙해지면서 우리는 상대방도 '나' 못지않게, 더하면 더했지 못하지 않게 자존심과 욕망, 아집 등을 가지고 있다는 것을 깨닫습니다. 그 순간 내가 나 자신에 대해 가졌던 환상이 부정됩니다. '깨지는' 것이죠.

'대자적' 단계에 들어섭니다.

하지만 그런 과정에서 이제 나는 오로지 내 시선을 통해서만이 아니라 타인의 시선을 통해서도, 또 더 나아가서는 상대방과 내가 관계 맺고 있는 그 객관적 전체를 보게 됩니다. 그러면서 오로지 나만이 아니라 내가 속해 있는 관계망 전체를 좀 더 성숙한 시선으로 보게 되는 것이죠. 이것이 '즉자-대자적' 단계입니다.

이 점을 조금 더 이야기해봅시다. '하나'와 '여럿'에 대해 생각해볼까요? '하나'라는 말은 참 묘한 말입니다. 나도 하나이지만 우리 가족도 하나죠. 우리 학교도 하나입니다. 무엇이든 한 덩어리로 보면 하나죠. 여럿도 하나로 묶어서 보면 하나입니다. 그런데 우리 삶에는 이렇게 여럿으로 구성된 하나가 참 많습니다. 가족부터 그렇고 한 학교, 한 학급, 한 동아리, 넓게는 한 국가, 한 권역 등등. 그리고 이런 단위들units은 피라미드처럼 위계hierarchy를 이루고 있습니다.

한 대학을 봅시다. 일단 이과와 문과로 나뉘죠? 문과로 들어가면 인문학과 사회과학으로 나뉩니다. 또, 인문학으로 들어가면 어문학 계통과 인문 계통으로 나뉩니다. 어문학으로 들어가면 서양 어문학과 동양 어문학으로 나뉘겠죠. 이런 식으로 계속 스무고개 하듯이 나뉘어 있습니다. 반대 방향으로 이야기하면 한 개인은 불문학과에 속하고, 어문학계에 속하고, 인문대학에 속하고, 문과계에 속하고, 어떤 대학에 속하는 것이죠. 대학만이 아닙니다. 다른 모든 단위도 이렇게 되어 있습니다. 좀 개념적으로 이야기해서 우리의 사회는 일반성과 특수성의 체계로 되어 있습니다. 하나의 일반성이 여러 특수성으로 나뉘어 있는 구조이죠. 하지만 이 일반성도 그보다 상위의 일반성에서 보면 또 하나의 특수성입니다. 사회란 이렇게 피라미드처럼 되어 있습니다.

이것이 우리 논의의 맥락에서 무엇을 말할까요? 바로 우리가 사회에서 맺는 관계들이란 정형화되어 있다는 뜻입니다. 이는 곧 '나'를 관계를 통해서 만들어간다고 해도, 이 관계라는 것이 사실은 매우 구조화되어 있다는 것을 말합니다. 사회는 한 인간을 자꾸 이런 정형화된 관계망에 가두려고 합니다.

그래서 관계를 통해 '나'를 만들어간다고 할 때, 중요한 것은 이런 정형화된 관계가 아닌 독특한 관계, 특이한 관계를 만들어나가는 것입니다. 이때 우리의 삶은 창조적인 것이 될 수 있죠. 바로 이렇게 특이한 관계를 만들어나갈 수 있게 하는 힘, 결코 어떤 정형화된 관계에 온전히 복속되지 않으려고 하는 역능力能, 이것이 곧 앞에서 말했던 고유한 나, 그 어떤 것으로도 온전히 환원되지 않는 나라고 할 수 있습니다. 이때 삶이란 그저 어떤 '주어진 것'이 아니라 실험, 삶의 존재 양식mode of being을 둘러싼 실험이 될 수 있습니다.

물론 이것이 사회에 이미 구축되어 있는 틀을 간단히 무시하고서 내 길을 찾아갈 수 있다는 뜻은 아닙니다. 그렇게 생각하는 사람은 앞에서 말한 '즉자적' 단계에 머무는 것이죠. 우리는 공기 없이 살 수 없듯이 사회의 틀 없이도 살 수 없습니다.

따라서 많은 사유와 모색, 실험, 소통, 좌절 등을 통해서 서서히 스스로를 만들어가면서 동시에 사회의 변화에도 일조할 수 있지, 그저 내 생각만으로 세상이 달라질 수 있다고 생각하면 그건 낭만적인 착각이죠. 창조적 삶을 살고자 하는 우리 내면의 불을 꺼트리지 않으면서도, 동시에 좀 더 냉정하고 객관적인 자세로 사회와 부딪치면서 한 발자국 한 발자국씩 나가야 합니다.

요컨대 ① '나'란 오직 나 내부에서만 성립할 수 있는 것이 아니라, 타인과의 관계를 통해서 성립합니다. ② 그런데 우리가 살아가는 사회는 대부분 정형화된 관계로 되어 있고, 사회는 그런 관계를 강요합니다. ③ 하지만 우리는 우리 내부의 '나', 그 무엇으로도 환원되지 않는 나의 주체성을 통해서 창조적인 관계들을 맺어나가야만 진정한 '나'를 만들어갈 수 있습니다. 바로 이때에만 개별적 존재로서의 '나'와 타인과의 관계를 통해서 성립하는 '나'가 화해할 수 있는 길이 열립니다.

이정우

서울대학교에서 공학·미학·철학을 공부했고, 아리스토텔레스 연구로 석사 학위를, 푸코 연구로 박사 학위를 받았다. 서강대학교 교수, 철학아카데미 원장을 역임했으며, 현재 어시스트 교수, 소운서원 원장, 파이데이아(시민철학교실) 학장으로 활동하고 있다. 《소운 이정우 저작집》(전 6권)이 발간 중이며, 《세계철학사 1 : 지중해세계의 철학》을 비롯한 여러 저작물이 있다.

나의 문학은 좌절에서 비롯되었다

· 14 ·

도종환(시인)

나의 문학은 좌절에서 비롯되었다

문인들 중에는 어릴 때부터 글 쓰는 사람이 되는 게 꿈이었던 이들이 많다. 학창 시절부터 문예반에 들어가 활동을 했거나 백일장에 나가 상을 타곤 하면서 시인이 되는 꿈을 꾼 사람들이 많다. 또는 신문반, 교지 편집반, 도서반 활동을 하면서 책을 많이 읽었거나 학교 신문이나 교지를 만들기 위해 취재를 다닌 것이 자부심으로 남아 있기도 하다. 문인들끼리 모이면 그들은 학창 시절의 그런 활동을 자랑스럽게 말하곤 한다.

친구들이 문학 동아리 활동을 할 때 나는 미술실에서

그림을 그렸고 미술 대회에 나갔다. 학년 초마다 교실 환경 정리를 맡아서 했고, 학교 특별실을 꾸미는 데 불려 다니거나, 문집을 만들 때 삽화 그리는 일을 했다. 나는 그림 그리는 일을 하며 살 거라고 생각했다. 화가가 되거나 만화가가 될 거라고 생각했다. 영화를 좋아했기 때문에 극장 주위를 자주 서성대곤 했는데, 극장에 걸려 있는 영화배우의 얼굴을 크게 그린 대형 영화 선전 간판을 보면서 나도 저런 그림을 그리면 평생 영화를 원 없이 보며 살 수 있겠구나 하는 생각을 할 때도 있었다. 지금도 중학교 때 썼던 일기장을 보면 내가 좋아했던 알랭 들롱이나 숀 코너리, 클린트 이스트우드 같은 영화배우 얼굴 캐리커처를 그려놓은 게 남아 있다.

중학교 때부터 연말에는 크리스마스카드나 연하장을 그려 보냈는데 받는 이들이 굉장히 좋아했다. 한 장 한 장을 정성을 다해 그렸다. 친구 누나에게 한 송이 검붉은 장미를 정성을 다해 아주 사실적으로 그려 보냈던 연하장은 지금도 기억 속에 붉고 곱게 피어 있다. 40년에서 45년이 지난 연하장을 간직하고 있는 사람은 없겠지만 그중 몇 개가 내 책상 속에 남아 있다.

대학 시험에 합격한 것을 확인하던 날 나는 대학에서 시내까지 한 시간 이상을 혼자 걸었다. 머리가 복잡했고 가슴이 쓰렸다. 혼자 "아아아" 하고 소리를 지르기도 했고 발에 닿는 허접쓰레기 같은 것들을 걷어차기도 했다. 미칠 것 같은 심정이었다. 내가 지르는 소리는 차 소리에 묻혀 보이지 않는 곳으로 끌려가곤 했다.

나는 미대에 갈 수 없었다. 집안 형편이 미대에 갈 수 있는 상황이 아니었다. 미대에 가는 게 문제가 아니라 내가 원하는 대학에 가고 싶다고 말하면 보내줄 수 있는지 없는지 상의할 어머니 아버지가 옆에 계시지 않았다.

내 인생의 가장 중요한 시기에 아버지는 어디에도 안착하지 못한 채 떠돌고 계셨고, 어머니는 아버지를 찾아 경기도로 가고 안 계셨다. 나는 객지에 혼자 남아 밥을 먹다 굶다 하였다. 내가 굶고 있는 걸 본 친구들이 쌀자루를 들고 이 친구 저 친구 집을 돌며 한두 됫박씩 쌀을 걷어 그것을 마루에 몰래 놓고 간 적도 있다. 문제는 원하는 대학을 가느냐 못 가느냐가 아니라 끼니를 해결할 수 있느냐 없느냐였다. 대학은 접을 수밖에 없는 처지였다.

막내 고모가 고향으로 내려오라고 했다. 고향에 내려오면 친척들이 있으니 밥은 굶지 않을 것 아니냐고 했다. 담임 선생님은 별 말씀이 없었는데, 고향이 같은 국어 선생님은 청주로 내려가라고 하셨다. 고향인 청주에 있는 지방 국립 사범 대학교에 원서를 넣으라고 하셨다. 그때 국립 사범 대학교는 국가에서 등록금 전액을 면제해주는 특혜가 있었다. 그리고 졸업 후 곧바로 교직에 나가 3년 이상은 의무적으로 근무하도록 되어 있었다. 말하자면 취직까지 국가에서 책임지는 조건이었다. 그때 상황에서는 대학교에 가려면 그 길밖에 없었다. 학과는 국어교육과를 선택했다. 대학 다니는 동안 돈이 제일 안 들 것 같은 과가 국어교육과일 듯해서였다. 중·고등학교 다니는 동안 도서관에서 책은 많이 읽었으니 국어교육과를 선택하는 것도 괜찮겠다고 생각했다.

그러나 내가 가고자 했던 대학에 갈 수 없고, 원하는 학과를 선택할 수 없었던 좌절이 술을 마시게 했다. 아니 대학에 다니는 것 자체가 내겐 사치스러운 일이라는 생각이 자꾸 들어서 견딜 수 없었다. 대책 없는 폭음과 무절제와 난폭한 날들이 이어졌다. 강의 중에 교수님이 판서를 하느라 돌아서 있는 동안 가방에서 술잔과 술병을 꺼내 따라 마시는 날도 있었고, 교정 여기저기에 술에 취해 쓰러져 있거나 거리에서 비틀거리는 날이 많았다. 대학 다니는 동안 안주를 주문해놓고 술 마셔본 기억이 거의 없다. 그저 안주 없는 깡소주를 물처럼 마시거나 막걸리에 김치가 전부인 날이 많았다.

그런 내 모습을 지켜보던 선배가 내가 문학에 끼가 있어서 그러는 것으로 잘못 생각하고 나를 찾아와 문학 동아리 활동을 같이하자고 하는 바람에 문학에 발을 들여놓게 되었다. 그 선배 역시 소설 쓰는 법이나 시 창작의 원리를 가르쳐주는 사람이 아니었다. 나보다 더 엄청난 술꾼이었다. 그러나 독서의 폭과 깊이에 압도당하게 되는 선배였다. 그 선배와 대작을 하려면 책을 읽어야 했다. 철학과 문학에 대한 토론이 주로 술자리에서 이루어졌는데 어떻게든 그 선배를 따라잡으려면 술이 깨자마자 어제 이야기한 책을 찾아 읽어야 했다. 쓰는 건 둘째였다. 우선 철학과 종교와 문학에 대한 깊이 있는 사유가 문제라고 했다. 그 선배는 "든 것이 있어야 나오는 것도 있는 법"이라며, 시나 소설 창작하는 걸 똥 누는 일에 비유했다. 먹은 게 있어야 나오는 게 있지 않겠냐는 거였다. 그래서 그 선배가 졸업할 때까지 쓰는 데 매달리기보다는 읽고 토론하는 데 더 매달리게 되었다.

나는 초·중·고등학교 내내 미술반에서 활동했지만 책 읽는 건 좋아했다. 중학교 때는 전교에서 가장 책을 많이 읽는 학생 중의 하나였다. 책은 무한한 상상력의 바다였다. 사랑에 대한, 세상에 대한, 미래에 대한, 어른이 된다는 것에 대한 지적 호기심을 채워주는 것도 책이었다. 중학교 도서관이 자기가 보고 싶은 책을 마음대로 골라서 읽을 수 있는 완전 개가식이었던 점이 나는 참 좋았다. 중학교 때는 닥치는 대로 책을 읽었고, 고등학교 때는 학교 대표로 자유교양경시대회에 나가게 되어 오후에는 도서관에서 책을 읽곤 했다. 대학에서는 그 선배를 따라잡으려고 책을 읽게 되었다. 책을 읽고 문학 토론을 하는 일이 지속되면서 그나마 좌절로 뻥 뚫린 가슴 한쪽이 조금씩 채워지는 느낌을 받았다.

나는 늦게 피는 가을꽃 같은 사람이었다

우리는 문학 동아리 이름을 '미운오리새끼'라고 지었다.

안데르센의 동화에서 따온 이 이름 속에는 "눈총 받고 손가락질받으며 사는 존재, 아무도 눈여겨보지 않는 존재라는 의미와 '새끼'라는 말 속에 들어 있는 자조와 경멸의 언어, 불온한 태도"가 있었다. "그러나 또 한쪽에는 언젠가 백조가 되어 푸른 하늘을 날게 될 것이라는 상승 의지도 잠재되어 있는 이름"(졸저 《꽃은 젖어도 향기는 젖지 않는다》중에서)이었다.

우리는 서툴고 미숙하고 어설프기 이를 데 없는 문학청년들이었다. 그리고 고독하고 순진한 낭만주의자였다. 그 길을 스승도 없이, 체계도 없이, 아니 대책 없이 우리끼리 가고 있었다. "절제되지 않은 감정의 덩어리를 안고, 다듬어지지 않은 문장으로 무작정 가고 있었다. 퇴폐적 낭만주의자가 되어, 세상과 유리된 채, 광활한 길을 우리끼리 감동하고, 우리끼리 눈물 흘리며 가고 있었다"(위의 책). 그러나 고집스럽게 가고 있었다. 문학의 길로 들어선 뒤 이 길에서 끝장을 보리라는 생각으로 이를 악물며 가고 있었다.

그러다 보니 남들보다 늦게 시를 쓰게 되었다. 남들은 이미 중·고등학교 때부터 글 써서 상 받고 대학 때는 대학 문학상이나 신문 문학상을 받고 이름을 날리는데 나는 문학상 같은 건 받은 적이 없었다. 그들은 봄에 피는 매화나 벚꽃처럼 화사한 이름을 날리며 주목받는데 그들 옆에 있는 나는 아직 눈에 보이지도 않는 가을꽃 같았다. 나는 대학교 졸업반쯤 되어서 비로소 시라는 걸 끄적거리기 시작했다. 친구들은 박수를 받고 선망의 대상이 되었는데, 나에게는 눈길 주는 사람이 없었다. 그들이 일찍부터 이름을 날릴 때 나는 다른 분야의 일을 하고 있었으니 당연한 결과였다.

그러나 나도 언젠가는 꽃을 피우리라 다짐했다. 들국화나 구절초는 봄여름 다 지나고 늦가을이 되어서야 꽃을 피우지만 그 꽃들은 게으른 꽃이 아니다. 못난 꽃이 아니다. 봄꽃은 봄에 피도록 생체 리듬이 그렇게 설계되어 있고, 가을꽃은 가을에 피도록 설계되어 있는 것이다. 그걸 받아들이는 일이 중요하다. 어떤 꽃은 먼저 피고 어떤 꽃은 나중에 피는 것이다.

우리는 다른 꽃보다 먼저 피는 꽃이 되지 않으면 안 된다는 강박에 쌓여 산다. 조금이라도 뒤처지는 것 같으면 조바심을 내고 불안해한다. 그 불안과 초조는 시기와 질시, 자학과 원망을 낳는다. 그러면 안 된다. 나도 망가지고 남도 망가뜨린다. 어떤 꽃은 먼저 피고 어떤 꽃은 조금 늦게 피기 때문에 세상이 늘 꽃으로 아름다운 것이다.

장미는 목련보다 늦게 피지만 꽃의 여왕이란 소리를 듣지 않는가. 먼저 피었느냐 늦게 피었느냐가 중요한 게 아니다. 얼마나 아름답고 향기롭게 피는 꽃이냐가 더 중요하다. 아니 목련은 목련대로 아름답고, 장미는 장미대로 아름다우며, 국화는 국화대로 품격을 지닌 꽃이지 않는가. 가을에 피는 꽃은 늦게 피지만 황량하고 쓸쓸한 들판을 아름답게 바꾼 채 얼마나 곱게 피어 있는가. 국화나 구절초가 없다면 가을 들판은 얼마나 적막하겠는가.

나는 나 자신을 가을꽃 같은 사람이라고 생각한다. 남들보다 늦게 시작했고, 늦게 꽃을 피웠다. 그러나 우리 생의 봄날이 가고 여름이 올 때 나도 언젠가는 꽃 피우리라는 믿음을 버리지 않았다. 참으로 많은 낮과 밤을 기다림으로 보냈다. 가을이 가고 겨울이 올 때 이 세상 누구도 내게, 내 문학에 눈길 주지 않는 날이 길어질 때 정말 많이 좌절했고 절망했다. 그래도 기다림을 접을 수는 없었다. 포기할 수 없었다. 부디 그대들도 포기하지 않길 바란다. 내 인생도 언젠가는 꽃피리라는 믿음을 버리지 말기 바란다.

내가 울면서 쓰지 않은 시는
남들도 울면서 읽지 않는다

《접시꽃 당신》이라는 시집에 들어 있는 시들은 많이 울면서 썼다. 내가 울면서 쓰지 않은 시는 남들도 울면서 읽지 않는 법이다. 내가 진정으로 아파해야 그 아픔을 눈여겨보아 준다. 처절함, 진정성, 믿음 이런 것은 가식으로 전달될 수 없다. 내가 내 인생, 내 고통, 내 절망 앞에 정직해야 한다. 나는 참으로 아프고 힘든 과정을 거쳐 시인의 이름을 얻었다. 한번 시인의 이름을 얻으면 명성과 함께 돈이 따라오게 되어 있다. 그러나 나는 슬픔을 내다 파는 시인이 되지 않으려고 노력했다. 돈을 벌기 위해 문학으로 장사하는 길을 가기보다 가치 있는 길을 가고자 했다. 눈앞의 이익보다 가치와 의미를 찾아가는 길, 그런 길을 선택하고자 했다.

그래서 시인의 이름을 얻고도 시련과 어려움과 고난이 많았다. 이제 좀 나아지겠지 싶으면 가진 것을 다 잃거나, 올해부터는 안정된 삶을 살겠구나 생각하면 뜻하지 않은 시련이 찾아왔다. 어려운 고비를 잘 넘었다 싶었는데 몸이 병들어 직장을 내놓아야 할 때도 있었다. 그때마다 좌절했다. 그러나 그때마다 좌절에서 다시 시작했다. 좌절이야말로 내 문학을 밀고 가는 가장 큰 동력이었다. 좌절이 찾아올 때마다 다시 긴장할 수 있었고, 다시 정신을 가다듬을 수 있었다. 좌절이 찾아올 때마다 희망으로 나아가고자 했다. 그래서 내 문학은 좌절에서 시작하지만 희망을 노래하는 문학이었다. 절망 속에 있었기 때문에 희망을 노래하지 않을 수 없었다. 그리고 다시 최선을 다해 일어서고자 했다.

들판의 작은 꽃 한 송이도 최선을 다해서 핀다. 우리가 겪는 혹독한 추위를 꽃들도 똑같이 견디고 봄에 꽃 한 송이를 피우는 것이다. 어둡고 두려운 밤과 산짐승들의 발소리를 견디고 두릅나무 한 그루가 자라는 것이다. 우리만 힘든 게 아니다. 참기 힘든 폭염과 쏟아지는 폭우를 이기고 채송화 한 송이가 피는 것이다. 아우성치지 않고 힘들다고 소리 지르지 않고 말없이 꽃 한 송이를 피우는 것이다. 최선을 다해 꽃 한 송이를 피우는 것이다. 이 세상에 최선을 다하지 않는 꽃과 나무는 없다. 하찮아 보이는 들꽃 한 송이, 숲의 나무 한 그루도 최선을 다해 자기 운명을 살다 가는 것이다.

그리고 그들이 꽃 피고 열매 맺는 과정 자체가 아름다운 최선이라는 것이다. 최선을 다한 모습이 남에게 기쁨을 주고 아름다움을 주는 최선이라는 것이다. 최선을 다했다고 하지만 남을 쓰러뜨리는 최선도 많다. 남을 짓밟고 올라서서 최선을 다했다고 하는 경우도 많다. 그러나 꽃들은 아름다운 최선이 있다는 걸 보여준다.

또한 내가 달라지지 않으면 이름 없는 산비탈이 꽃밭이 되지 않는다는 걸 알고 꽃으로 거듭나는 최선이다. 나는 달라지지 않으면서 남을 욕하기는 쉽다. 나는 내 안에서부터 거듭나지 않으면서 남을 손가락질하는 건 어렵지 않다. 그러나 내가 나를 이기고 거듭나야 세상이 겨울에서 봄으로 바뀐다는 걸 몸으로 보여주면서 꽃 한 송이가 피는 것이다. 나도 그렇게 최선을 다하며 살고 싶었다.

멈추지 마라, 끈질기게 생을 밀고 가라

청소년기에 본 영화 중에 잊지 못하는 영화가 여러 편있다. 첫 번째가 〈닥터 지바고〉이다. 보리스 파스테르나크 Boris Pasternak, 1890~1960의 원작 소설을 1965년에 데이비드 린 David Lean, 1908~1991 감독이 영화로 만들었고, 우리나라에는 1968년에 들어왔다. 중학교 3학년 때 그 영화를 봤다. 오마 샤리프가 연기한 유리 지바고와 줄리 크리스티가 연기한 라라의 사랑에 압도당했다. 핀란드에서 찍었다는 겨울 장면은 잊을 수 없는 아름다운 그림이었다. 광활하고 웅장하며 가슴을 뒤흔드는 영상이 강한 인상으로 남아 그 뒤에도 내 생에 오래오래 아름다운 영향을 미쳤다.

이런 사랑이 있는 거구나, 전쟁과 혁명의 와중에도 사람들은 이렇게 사랑하는구나, 코마로프스키에게 라라를 보내는 지바고의 사랑, 우연히 전차에서 헤어졌던 라라를 보고는 라라의 이름을 부르며 전차를 따라가다 심장 마비로 죽는 지바고……. 그리고 그들 사이에서 태어난 딸……. 인간의 삶은 이렇게 이어지구나 하는 생각을 했다. 나도 그렇게 아름다운 사랑을 할 수 있기를 바랐다. 그런 운명적인 만남, 운명적인 사랑, 그렇게 스치고 헤어지고 다시 만나게 되는 인연, 그런 사랑을 만나게 되길 바랐다. 겨울이 오면 지바고와 라라가 숨어들었던 바리키노 같은 곳에 묻혀 있고 싶었다. 라라의 테마곡은 그때부터 지금까지 가슴을 흔드는 음악으로 내 곁에 있다.

중학교 때 재미있게 본 영화 중에 〈대탈주〉라는 영화가 있다. 제2차 세계 대전 중에 연합군 포로수용소에서 있었던 실화를 바탕으로 한 폴 브릭힐Paul Brickhill, 1916~1991의 소설을 영화로 만든 것이다. 1963년에 만든 미국 영화다. 스티브 맥퀸, 제임스 코번, 찰스 브론슨 같은 명배우들이 많이 나온다. 신분증 위조, 땅굴 파기, 훔치기 대가들이 모여 탈출을 모의하고 실행해나가는 과정을 흥미진진하게 보여준다. 100미터 정도의 땅굴을 파고 70여 명이 탈출했다가 50여 명이 잡히거나 잡혀서 총살을 당하는 안타까운 마지막 장면이 오래 기억에 남는다. 특히 스티브 맥퀸의 오토바이 탈주 장면은 압권이었다. 탈출이 성공할 것인가 실패할 것인가 하는 조바심으로 영화에서 눈을 뗄 수 없게 만들지만 중요한 건 실패하더라도 탈출을 위한 노력을 멈추지 않겠다는 의지가 내게는 강한 인상으로 남아 있다. 내가 처한 상황, 갇혀 있는 현실을 받아들이고 싶지 않을 때는 목숨을 걸고 탈출을 시도하고 실패하면 다시 도전하고 그러면서 지금의 생을 돌파해나가겠다는 의지. 인생에는 그런 게 꼭 있어야 한다는 걸 각인해준 영화였다.

〈대탈주〉보다 더 엄청난 영화가 있다. 〈빠삐용〉이다. 무기 징역수의 실존 자서전을 바탕으로 프랭클린 J. 샤프너 Franklin J. Schaffner, 1920~1989 감독이 만든 미국 영화다. 스티브 맥퀸과 더스틴 호프만이 두 주인공으로 나온다. 빠삐용이란 이름의 앙리는 이상한 사건에 연루되어 살인자의 누명을 쓴다. 앙리는 누명을 벗기 위해 수없이 탈출을 시도한다. 그러나 탈출은 매번 실패로 끝나고 독방에 갇히어 지네나 바퀴를 잡아먹으며 연명한다. 결국 악마의 섬으로 이송되는데 머리는 백발이 되고, 이도 다 빠지고, 다리를 절룩거리면서도 동료 드가처럼 편안한 형기를 보내기를 거부한다. 매일 절벽에서 야자열매를 바다로 던져 해류의 흐름을 살핀 뒤, 야자열매를 담은 큰 자루와 함께 바다로 뛰어내려 악마의 섬을 탈출한다. 그 장면이 참 인상적이었다. 내가 만약 빠삐용 같은 처지였다면 탈출을 재시도했을까, 드가처럼 쓸쓸히 발길을 돌리며 섬에서 나머지 생을 마치는 선택을 했을까 하는 생각을 하게 했다.

문학 이야기를 하다 말고 갑자기 영화 이야기를 하는 이
유는 이 영화들이 청소년기에서 문학청년기까지 불확실한
미래 때문에 불안해질 때 내게 준 정서적 영향 때문이다.
중·고등학교 때의 일기를 보면 그때 읽은 책 목록과 극장
에 가서 본 영화에 대한 기록이 있다.《레미제라블》《적과
흑》《신곡》《군도》《마농레스코》《젊은 베르테르의 슬픔》
《돈키호테》《햄릿》《이반 데니소비치의 하루》《이방인》.
이런 책 중에 적지 않은 영향을 준 책들이 있지만 영화만
큼 강렬하지 않았다.

〈대탈주〉나 〈빠삐용〉은 멈추지 마라, 도전하라, 원하는
것을 이룰 때까지 끈질기게 생을 밀고 가라는 수신호 같은
걸 내게 보냈다. 실패가 기다리고 있을 것이다. 그러나 실
패하면 다시 또 시작하라, 한 번의 실패로 무너지지 마라,
수없이 깨지고 다시 일어서야 한다, 자유를 얻을 때까지
갈망하고 동경하고 포기하지 마라, 네 생을 걸고 싸워라,
그런 말을 하는 듯했다.

〈사운드 오브 뮤직〉도 잊을 수 없는 영화다. 전쟁과 압
제와 감시 같은 고난과 시련 속에서도 웃음과 여유를 잃지
않고 아름답게 노래하며 산맥을 넘는 삶을 나도 살다가 가
고 싶었다.

숙명은 바꿀 수 없지만 운명은 바꿀 수 있다

"숙명은 바꿀 수 없지만 운명은 바꿀 수 있다"라는 말이
있다. 나는 가난한 부모 밑에서 태어났다. 그것도 인생의
가장 중요한 시기에 부모의 도움을 받을 수 없어서 좌절했
다. 그렇다고 부모를 바꿀 수는 없지 않는가. 그건 숙명이
다. 나는 그렇게 태어난 것이다. 그러나 운명은 바꿀 수 있
다고 생각했다. 나는 아시아인으로 태어났다. 나는 가난한
나라의 아들로 태어났다. 백인이 아닌 황인종이고 내가 태
어날 때 나라 전체는 전쟁을 막 끝내고 난 뒤라 절대 빈곤
에 시달렸다.

그러나 나는 그림을 그리고, 영화를 보고, 책을 읽으면
서 아름답게 사는 꿈을 꾸었다. 아름다운 삶을 사는 일은
생각처럼 쉽지 않았다. 아름답게 살 수 없는 참혹한 날들
이 더 많았다. 그러나 나는 꿈을 접지 않았다. 사는 동안
아름답고 행복하게 살아야 한다고 믿었다. 그리고 마침내
어렵고 힘든 운명의 터널을 수없이 통과하여 거기에 이를
수 있었다.

장애를 지니고 태어난 사람도 있을 것이다. 너무너무 가
난하여 인생의 전반기가 남들보다 참으로 힘들고 어려운
사람도 있을 것이다. 아무도 보아주지 않고 알아주지 않는

소외와 차별 속에 살아가는 사람도 있을 것이다. 여자로 태어났다는 것 자체가 너무 힘든 사람도 있을 것이다. 부모 중에 한 분이나 두 분 모두 안 계시어 가슴속 깊은 상처를 안고 살아가는 사람도 있을 것이다. 학대와 차별을 받으며 사는 사람도 있을 것이다. 그러나 그런 이유로 자신을 부정하고 위축되고 자신의 운명을 미워해서는 안 된다.

흑인으로, 노예의 후손으로 태어난 것을 부끄러워하는 흑인에게 "그래 나는 흑인이다"라고 당당하게 선언하자고 외쳤던 흑인 인권 운동가들처럼, 그들의 '네그리튀드 négritude 운동'처럼 우리는 자신의 운명을 받아들이고 긍정해야 한다. 피부가 검은 사람으로 태어난 건 숙명이다. 그건 바꿀 수 없다. 그러나 한 사람의 인간으로, 인권을 지닌 존엄한 인격체로, 하느님의 자녀로 자신을 사랑하며 살아갈 수 있다. 운명은 바꿀 수 있다. 흑인도 얼마든지 목사가 될 수 있고 과학자가 될 수 있고 법관이 될 수 있으며 서로 아름답게 사랑하며 살 수 있지 않은가. 그렇게 긍정했기 때문에 흑인 중에 대통령도 나올 수 있지 않았는가.

우리에게 어떤 인생이 기다리고 있을지 우리는 알 수 없다. 그건 신만이 아시는 일이다. 그러나 내가 내 운명을 어떻게 바꾸어가려고 하는가 그것이 중요하다. 숙명은 바꿀 수 없지만 운명은 바꿀 수 있다.

　내 가슴속에는 한 소년이 있다. 콩쿠르에 출품한 작품은 낙선하고, 사랑하는 소녀는 만날 수 없고, 눈발은 몰아치는데 의지할 단 한 사람 할아버지마저 세상을 뜬 뒤, 그렇게 보고 싶던 루벤스Peter Rubens, 1577~1640의 그림 밑에서 쓸쓸히 얼어 죽어가던 영혼. 성실하고 착하게 살아도 가난하게 죽어갈 수밖에 없는 삶, 마을 공동체에서 소외당하고, 정직해도 그 정직함을 알아주지 않는 세상, 순진한 사랑의 마음만으로는 넘을 수 없는 계급의 벽 앞에서 배척당한 뒤, 죽고 나서야 동정을 받는 한 소년. 영국의 작가 위다Ouida, 1839~1908의 작품《플랜더스의 개》에 나오는 주인공 소년 네로다.

　그런 네로와 같은 얼굴을 한 소년이 내 가슴속에 남아 지금도 차가운 눈발 속을 혼자 걸어가고 있다. 나는 그 소년을 사랑한다. 그 소년이 나를 글 쓰는 사람이 되게 했다. 나는 그 소년 때문에 글을 쓴다. 그러나 언젠가는 그 소년과 함께 다시 그림을 그릴 것이다. 그림을 그려 소녀에게 보여주고 싶다. 아름답게 살고 싶다.

　그림을 다시 그릴 수 있을 때까지 스티브 잡스Steve Jobs,

1955~2011의 말처럼 늘 갈망하며 stay hungry 늘 우직하게 stay foolish 나의 길을 갈 것이다. 열정적으로 살 것이다. 바보 같다는 소리를 들으며 나의 길을 갈 것이다. 내가 진정으로 아름답고 행복할 수 있다면 바보 같다는 소리쯤은 귓가로 흘릴 수 있다. 나는 약삭빠르게 살지 않을 것이다. 나는 의미 있게 사는 길을 가고자 하기 때문이다.

도종환

《접시꽃 당신》으로 잘 알려진 도종환 시인은 청주에서 출생했다. 그동안 《고두미 마을에서》 《접시꽃 당신》 《당신은 누구십니까》 《부드러운 직선》 《슬픔의 뿌리》 《해인으로 가는 길》 《세시에서 다섯시 사이》 등의 시집과 《그때 그 도마뱀은 무슨 표정을 지었을까》 《사람은 누구나 꽃이다》 《그대 언제 이 숲에 오시렵니까》 《마음의 쉼표》 《꽃은 젖어도 향기는 젖지 않는다》 등의 산문집을 펴냈다.

중학교 국어 교과서에 시 〈어떤 마을〉이 실려 있고, 고등학교 문학 교과서에 〈흔들리며 피는 꽃〉 〈옥수수밭 옆에 당신을 묻고〉 〈담쟁이〉 등 여러 편의 시와 산문이 실려 있어 학생들이 배우고 있다.

'신동엽창작상' '정지용문학상' '윤동주상' '백석문학상' 등을 수상하였으며, '세상을 밝게 만든 100인에 선정되기도 했다.

'더불어 삶'을 역사에서 배우기

· 15 ·

한정숙(서울대 교수)

2011년 7월, 노르웨이의 비극적 여름

제가 젊은 시절 친하게 지냈던 독일인 친구 부부는 매년 여름 휴가철이면 노르웨이로 여행을 떠나 그곳에서 몇 주일을 묵고 온다고 했습니다. 많은 중부 유럽인이 더 많은 태양 빛을 찾아 이탈리아나 에스파냐 같은 남쪽 나라로 휴가를 떠나지만 그들은 노르웨이의 깊은 숲이야말로 "영혼이 쉴 수 있는 곳"이라고 말하곤 했지요.

노르웨이는 그토록 조용하고 평화스러운 데다, 복지 제도가 잘 갖추어진 나라였기에 극우 테러가 노르웨이에서 일어났다는 것은 충격일 수밖에 없었습니다. 2011년 7월

22일 사회민주주의적 성격의 정당이며 노르웨이의 집권당인 노동당의 젊은 당원 혹은 지지자들이 우퇴위아 섬에서 청소년 수련회를 열고 있었습니다. 이곳에 안네르쉬 베링 브레이빅이라는 30대 초반의 남자가 찾아와 총기를 무차별적으로 발사했습니다. 경찰복까지 입은 그를 의심 없이 맞았던 10대 청소년들이 그의 총에 맞아 꽃 같은 목숨을 잃어야 했습니다. 가장 어린 희생자는 열네 살 난 샤리딘이었다고 하는군요. 브레이빅이 그 같은 만행을 저지른 이유는 딱 하나, 노르웨이에 이슬람 세력을 비롯한 외국인이 많아지고 있는데, 노동당은 외국인 배척 정책이 아니라 우호적인 정책을 펴고 있다는 것이었습니다. 한 극우파 남자의 외국인 증오가 빚은 광기에 일흔 명 가까운 젊은이들이 스러져갔습니다. 이 일은 노르웨이의 역사에서 비극적 시간으로 기록될 수밖에 없을 것입니다.

사실 2000년대 들어 극우 세력이 북유럽 국가들에서도 약진한 것을 보면서 걱정하는 사람들이 적지 않았습니다. 극우파는 영어로 far-right라고도 하고 ultra-right라고도 합니다만, 이들의 이념적 지향성은 네오파시즘이라고 규정되는 일이 많습니다. 사실 파시즘은 복합적이고 복잡하며 불명확한 체계의 운동, 이념, 지배 방식이어서, 이를 정확하게 정의하기가 쉽지 않습니다. 그래도 개략적 특징은 말할 수 있는데, 제2차 세계 대전 이전의 고전적 파시즘은 의회주의, 자유주의, 사회주의에 반대하고 폭력으로 사회 갈등을 누르려고 하며 극도의 국수주의적 성향을 보였습니다. 파시스트 중에서도 가장 극단적이었던 나치 세력이 인종 차별 정책으로 유대인 학살 정책을 폈고, 이것이 인류의 공분을 샀다는 것은 누구나 잘 알고 있을 것입니다.

그런데 제2차 세계 대전 후에 등장한 네오파시즘은 외국인, 특히 백인이 아닌 아시아-아프리카계 이주민들에 대해 격렬한 반감을 표현한다는 특징이 있습니다. 파시즘 세력이 패배하였던 제2차 세계 대전을 거치고 난 직후에는 이들 세력이 다시 득세할 것이라는 생각을 하기 어려웠지만 네오파시즘 세력은 1970년대 무렵부터 점차 고개를 들기 시작했습니다. 덴마크 인민당, 스웨덴 민주당, 진정한 핀란드인당 등 극우 정당들은 선거 때마다 득표율을 늘려 20퍼센트를 넘기기도 했습니다. 노르웨이 극우 정당은 최근까지도 그 정도의 세력은 신장되지 않았기 때문에 오히려 예외적이었습니다.

이들 극우 세력은 유럽계 백인이 아닌 모든 사람에게 적대적이었지만, 그들이 특히 공격 목표로 삼는 집단은 이슬람교도였습니다. 제2차 세계 대전 후 유럽으로 건너온 이슬람교도는 차츰 증가하였습니다만, 이들은 유럽에서 과거의 유럽 유대인과도 같은 배제와 차별의 대상, 조르조 아감벤_{Giorgio Agamben, 1942~}의 용어를 빌자면 '호모 사케르'가 되는 중이었습니다. 호모 사케르는 직역하자면 '신성한 사람'이지만 아주 역설적이게도 이와 동시에 '저주받은 사람'을 뜻하기도 합니다. 고대 로마에서는 범법자가 되거나 해서 공동체에서 추방당했기 때문에 법의 보호 밖에 놓인 사람을 뜻하는 말로 사용되었습니다. 그는 인간의 뜻이 아니라 신의 뜻 아래 놓인 사람인데, 누군가 그를 죽여도 처벌받지 않기 때문에 이 사람이 생명을 유지하기 위해서는 그저 신의 자비가 주어지기를 바라는 수밖에 없었지요. 이탈리아의 정치 사상가인 아감벤은 이처럼 어떤 사회에서 가장 약한 위치에 있고 가장 공격당하기 쉬운 사람, 누군가의 폭력에 가장 쉽게 노출되고 사회적 희생양이 되는 사람을 호모 사케르라는 용어로 불렀네요.

유럽에서 외국인, 특히 이슬람교도를 향한 공격이 가중되는 것은 어떤 의미에서는 그럴 수밖에 없겠다 싶은 면도 있습니다. 유럽 기독교인과 이슬람교도는 역사적으로 오래 불화를 겪은 데다, 제1차 세계 대전 이후에는 이슬람권의 정치 지형이 유럽 제국주의 세력에 의해 그들 자신의 의사와 전혀 무관하게 자의적으로 편성되었습니다. 유럽인이 제2차 세계 대전 후 각국 차원에서는 부분적으로 과거사를 청산했다고 하더라도 이는 백인이 백인에게 혹은 독일인이 유대인에게 저지른 가해에 대한 반성의 테두리에 머물러 있었습니다. 유럽 여러 국가가 그들의 제국주의와 이로 인해 초래된 세계 대전, 그리고 이슬람권을 포함해서 백인이 아닌 사람들에게 저지른 인종주의적 죄악의 역사에 대해 진정한 의미의 과거사 정리를 한 적이 없다는 것은 시민 교육, 역사 교육의 맹점 가운데 하나였습니다. 말하자면 유럽인의 세계사 인식에는 공백이 있었던 것입니다. 이 블랙홀이 세계화 시대의 인구 이동, 원래 거주민들의 경제난과 함께 작용하여 인종주의로 새롭게 대두되었습니다. 연구자들의 분석을 따르면, 특히 신자유주의 아래서 경제적으로 어려워진 사람들이 외국인들을 향해 공격성을 표현하는 일이 많다고 합니다. 그래도 어쨌거나 북유럽인은 정당에 대한 투표 행위를 통해 의견을 밝히는 사람들이라고만 생각했는데 브레이빅이라는 테러범의 행동 때문에 이 같은 안이하다면 안이하달 수 있는 낙관적 짐작이 깨진 것입니다.

브레이빅이라는 테러범의 성장 배경과 경험 등을 놓고 이런저런 분석들을 하는 것 같습니다. 외견상 아무런 두드러진 특징이 없었다는 것에서 일반론적 분석의 한계를 절감하게 되기도 합니다. 인간 심성 형성의 그 오묘한 비밀을 누구도 궁극에 이르기까지 밝혀낼 수는 없을지도 모릅니다. 누구에게서는 빛나는 진주로 응집되는 경험이 다른 누구에게서는 독으로 뭉칠 수도 있습니다. 이것이 개개인마다 다르다 할 때 정신분석학인들 어찌 그 과정 하나하나를 짚어낼 수 있을까요. 한 사람의 생각과 감정의 여정 하나하나를 따라가며 예측하고 통제하는 일은 그 어떤 과학, 그 어떤 전체주의 사회도 하지 못합니다. 소련 시절 초기에 예브게니 이바노비치 자먀틴Yevgeny Ivanovich Zamyatin, 1884~1937이라는 소설가가 《우리들》이라는 소설을 썼습니다. 국가가 남녀 간의 사랑까지도 지정할 정도로 사회 구성원 각자의 일거수일투족을 모두 감시하고 통제하는 가상 상황을 그린 작품이지요. 그러나 그 같은 소설도 그저 인간의 외적 행동에 대한 통제만을 시도한 체제를 그려내고 있을 뿐입니다. 브레이빅이 10대 시절 비유럽인들과의 관계에서 다소 언짢은 경험을 했다고 한들, 성장 과정에서 설사 미심쩍은 부분이 있었다 한들, 그 시점에서 그의 마음을 읽은 누가 있어 그가 극우 테러범이 되리라 예상했을까요. 극우 인종주의자 브레이빅은 극우 인종주의자 히틀러의 군대를 막아낸 막스 마누스Max Manus, 1914~1996를 존경한다 합니다. 나치즘에 맞선 용사의 생애에 대한 존경이 그에게서는 극우주의 테러 성향과 결부되었다니, 참 씁쓸하고 어이없다는 생각밖에 들지 않습니다.

한국은 어떤가요

그러면 이 같은 극우 현상은 외국에서만 존재할까요. 사실 한국에서는 외국인 혐오증이 그렇게 큰 사회 문제로 대두하지는 않는 것처럼 보일 수도 있습니다. 그러나 실제로는 한국 사회에도 특정한 집단에 대한 극단적 증오라는 의미의 극우적 현상이 없지 않습니다. 한국 사회 속의 낯선 사람, 타자로서 대표적 집단인 이주민으로는 외국인 노동자와 결혼 이주 여성을 들 수 있습니다.

사실, 결혼 이주 여성은 가정 내에서 개별적인 폭력에 시달리기는 하지만 지금까지는 집단적 반감의 대상이 되었던 적은 별로 없습니다. 반면 외국인 노동자에 대한 공격은 주로 언어적 차원에서이기는 하지만 거리낌 없이 이루어지고 있습니다. 이들은 한국 경제에 필수적인 역할을 하고 있음에도 심한 차별을 받고 있습니다. 게다가 최근에는 다문화 가정 출신 학생들이 학교에서 왕따 당하고 차별 당하고 인간적 괴로움을 겪고 있다는 보도가 나오기 시작했습니다. 그럼에도 외국인 혐오증이 한국에서는 서양 사회에서처럼 심각한 문제로 인식되지는 않았습니다. 왜냐하면, 남북 분단이라는 특수한 상황 속에서 한반도 남쪽에서는 북한이라는 요인에 극우 세력의 공격성이 집중되어 있기 때문입니다. 즉 이념적 문제가 이질적 문명에 대한 불관용이라는 문제를 압도해온 것입니다. 더욱이 한국에서는 외국인 노동자들이 3년을 단위로 교체되어, 영주할 수 없다는 법적 규정 때문에 상주하는 외국인의 범위가 한정되어 있습니다. 이 같은 사실 또한 적어도 지금까지는 우리 속의 외부인, 타자 집단에 대한 공격성을 약화하는 요인이 되어왔습니다.

그러나 한국 사회는 스스로 동질성이 강한 사회라고 오랫동안 인식해왔기 때문에 이질적이라고 생각되는 집단에 대해 아주 배타적인 면이 있습니다. 그리고 군사 문화의 영향 아래서 파시즘적 성향이 매우 강한 집단도 엄연히 존재하는 사회입니다. 우리 사회를 돌아볼 때 늘 조심하고 경계해야 하는 것은 이 때문입니다.

낯선 것에 대한 두려움을 넘어서는
인문학적 용기

브레이빅은 자기에게 낯설고 자기와 다른 존재를 견디지 못하는 사람이었습니다. 이와 같은 특징을 나타내는 사람들이 없지 않습니다. 그들이 어떤 사람들인지 생각해볼까요? 가장 먼저 떠오르는 사람들은 아기, 원시인, 제국주의자 들입니다.

우선 아기를 볼까요. 아기들은 엄마와 붙어 있다가 낯선 사람을 보면 곧 두려워하면서 울음을 터뜨리거나 상을 찌푸리며 고개를 돌립니다. 낯선 것에 대한 극도의 두려움이나 기피증은 인간이 아주 어린 상태에서 인식의 범위가 극도로 제한되어 있다가 그 범위가 점점 확대되는 과정에서 자신과 세계의 불일치 앞에서 본능적으로 느끼는 것입니다. 갓난아기에게는 나와 세계의 구분이 없습니다. 낯선 사람을 보아도 그가 낯선 사람이라는 것 자체를 모릅니다. 그러다가 나와 세계, 내게 익숙한 것과 익숙하지 않은 것에 대해 구분이 생기면서 낯가림을 하게 됩니다. 그러나 아기가 자라고 세계를 점점 알아가면서 낯선 것, 다른 것에 대한 두려움은 차츰 내적 소화를 통해 극복되어갑니다.

원시인도 낯선 사람들, 낯선 존재에 대해 두려움을 느끼고 적대적인 태도를 드러냅니다. 인류학자들의 연구에 따르면 원시인은 다른 부족을 모두 잠재적인 적으로 여긴다고 합니다. 다른 존재들과의 다양한 접촉이 없었기 때문에 자신과 다른, 낯선 존재를 대하면 자신의 생명에 대해 두려움을 느낍니다. 말로 의사소통이 되지 않으면 그 같은 두려움은 더욱 커질 수 있겠지요. 그래서 자신의 안전을 위해 그 낯선 존재에게 먼저 공격을 가하는 경우도 있습니다. 원시인들 특유의 심적 성향, 의식 구조 등을 가리키는 말로 '원시적 심성'이라는 용어가 있는데, 여기에는 이처럼 낯선 존재에게 두려움을 느끼는 태도도 포함된다고 합니다.

제국주의자는 많은 경우 인종주의자였습니다. 자기 민족, 자기 문화만이 우월하다는 인식에서 다른 인종, 다른 민족을 타자화했습니다. 그들은 다른 사회 속 타인들을 지배하려 했을 뿐 아니라 자신들이 미개인을 문명화해준다는 구실을 내걸며 이 같은 지배를 정당화했습니다. 다른 민족에 대한 지배가 여의치 못할 때는 그들을 말살하려는 태도를 보이기까지 했지요. 이 같은 배타적 태도를 낳은 마음의 제국주의가 파시즘이나 네오파시즘에서 보이는 배타적 인종주의로 연결됩니다. 그것은 나와 너가 동등한 인격체, 평등한 개인으로 대면하는 것이 아니라 내가 너를 짓밟고 지배하겠다는 생각에 바탕을 둔 것이지요. 마음의 제국주의가 마음의 파시즘과 바로 한 발자국 거리라는 것을 알 수 있습니다.

그런데 이같이 낯선 것, 다른 것을 배타적으로 대하는 마음의 제국주의, 마음의 파시즘이 삶의 방식이 되면 아주 사소한 것에서 구분의 기준선을 만들어내고 이것을 절대화해 타자에 대한 적대적 태도를 만들기도 합니다. 따지고 보면 학교에서 행해지는 왕따 현상도 이와 같은 마음의 제국주의에서 비롯되는 것입니다. 자기와 다른 것을 견디지 못하는 마음가짐이 그 원인이지요. 어떤 아이가 장애를 가졌다거나, 내가 가지지 못한 것을 가졌다거나, 외모가 나와 다르다거나 하는 아주 사소한 차이를 부풀려 이것을 용납하지 않는 태도는 외모가 다르다는 이유로 내가 남을 지배하고 학대해도 좋다고 여겼던 제국주의자의 태도와 다를 바가 없습니다. '나와 다른 것은 악한 것'이라는 생각에서 관용적이지 않은 태도가 나타납니다.

수십억 명의 인간은 수십억 명의 각기 다른 경험의 수용체입니다. 그 경험들이 개개인에게서 어떻게 조합될지 아무도 예상할 수 없다는 데 인간 지혜의 한계가 있는 것이 아닌가 하는 생각도 듭니다. 그럼에도 우리는 여기서 인문학적 용기를 다시 한 번 생각할 수밖에 없습니다. 그것은 우리와 다른 집단, 다른 사회의 역사와 문화를 공부함으로써 이곳에 온 사람들을 친구로서 만나고 이들에 대한 이해와 관용을 가지고자 하는 정신에서 나오는 용기입니다.

다른 문화를 이해하기

그렇게 극단적이거나 그렇게 유혈적이지는 않더라도 기본적으로 노르웨이의 비극과 유사한 현상은 세계 곳곳에서 일어납니다. 노동이나 결혼을 목적으로 하는 이주가 점점 많아지고 있는 오늘날, 생김새나 생활 관습이 다른 사람들과 같은 공간에서 마주치거나 함께 살아가야 하는 일은 점점 더 많아지고 있습니다. 이제 세상에 갓 나와 낯선 것에 대해 두려움을 가진 아기, 낯선 존재와의 접촉이 부족했기 때문에 낯선 것에 두려움을 품고 배타적인 태도를 취하는 '원시적 숲 속의 인간'은 성숙해갈수록 자신의 경험과 습관, 생활 방식의 좁은 테두리를 벗어나 자기와 다른 그 어떤 것도 평온한 마음으로 대할 수 있게 됩니다. 오히려 다른 것, 이색적인 것을 다양성의 이름으로 원하는 경우도 생기게 되지요. 자기 사회의 문화와 역사를 익히는 것은 자신의 정체성을 위해 필요합니다. 그러나 자기의 역사만을 아는 사람은 좁은 인식의 틀 안에 갇히게 됩니다. 우리와 다른 사회, 다른 나라의 역사나 문화에 대한 책을 읽고 이를 이해하기 위해 노력하는 것 역시 필요합니다. 이때 나의 것이 가장 우월하다는 자기중심적 태도를 버리고 다른 문화를 존중하는 태도를 가지고 대하는 것이 중요합니다.

그렇다면 왕따나 외국인 혐오증 같은 것에 대한 해답도 나옵니다. 자기와 생김새가 다르고 생활 방식이 다르고 말이 다른 사람을 증오하고 이를 견디지 못하여 폭력적으로 대하는 사람은 마음과 영혼이 아픈 사람입니다. 자신의 분노로 결국은 자기 자신의 심성을 파괴하는 사람이지요. 평화로써 아픈 영혼을 넘어서는 것이 성숙한 마음을 가진 사람들이 할 일입니다. 이것을 위해서는 나 자신을 알아야 함은 물론, 다른 사람의 마음에 들어가보고 다른 사람을 이해하는 것이 필요합니다. 말은 쉽게 하지만, 쉬운 일은 아니네요. 그래도 어쩌겠습니까. 용기를 내어야지요. 집단적 차원에서는 우리의 문화와 다른 사회의 문화를 비교하면서 이해하는 것이 관용의 정신을 기르는 데 가장 적합하다고 생각합니다.

청소년 중에는 그렇지 않아도 역사에 관심을 가지는 분도 많으리라 생각합니다. 국왕이나 장군들의 행적, 지금과는 다른 과거의 여러 가지 신기한 사건들을 그 자체로서 흥미롭게 여기는 것도 충분히 의미가 있습니다.

그러나 좀 더 근본적으로 역사를 왜 배우는가 생각해볼 수 있습니다. 옛사람들은 역사를 통치자를 위한 학문이라 생각했습니다. 통치자가 통치의 거울로 삼기 위해 늘 책상 앞에 놓아두는 것이 역사책이라고 여겼지요. 통치를 하는 데 두루 참고하고 귀감으로 삼는다는 의미를 가진 《자치통감資治通鑑》이라는 책 이름은 이처럼 통치자를 위한 학문으로서의 역사의 의미를 가장 잘 보여주고 있네요. 지배자들은 과거의 통치자, 정치인, 위인 들이 어떤 행동을 해왔는지 늘 살펴보고 염두에 두었던 것이지요.

그리고 그 후 시민의 세력이 강화되는 과정에서는 국민 국가를 형성하고 시민 권력을 확립하는 데 필요한 것이 역사라고 생각하게 되었습니다. 각 민족, 국민마다 '우리 민족'이 어떻게 형성되고 발전해왔으며 어떻게 국가를 이루었는가에 관심을 두게 되었고 이를 밝히고 공부하는 것이 아주 중요한 관심사가 되었습니다. 역사는 국민 국가의 장엄한 서사시가 되었던 것이지요. 지금까지도 역사 교육은 이러한 성격이 강합니다. 역사는 분명히 이러한 효용성도 가지고 있습니다.

그런 한편, 자신의 역사만을 절대시하는 태도에서 파시즘과 같은 배타적인 태도가 형성되기도 했다는 것에 유의할 필요가 있습니다. 그렇다면 이제는 역사란 인간의 정신적 성숙을 위해 공부하는 것이라고 볼 필요가 있습니다. 나의 정체성을 세우되 남에게 배타적이지 않은 것, 더 나아가 서로 다른 사회, 서로 다른 문명에 속하는 시민들의 상호 이해와 관용, 서로 친구 되기를 위해 가장 필요한 것이 역사 알기가 아닐까 합니다.

극히 예외적인 경우를 제외하고는 문명과 문화는 단일한 사회 내에서 고립적으로 발전하지 않았습니다. 상호 교류를 통해 발전해왔습니다. 역사 공부를 하다 보면 참 신기하다는 생각을 할 때가 있습니다. 먼 옛날 흑해 북부 연안에서 발전한 스키타이인들의 황금 공예 문명이 신라 시대 금관과 같은 한국 고대 문화 형성에도 큰 영향을 미쳤다고 이야기하니 말입니다. 그 스키타이의 황금 유물들은 현재 상당수가 우크라이나의 박물관에 있습니다. 흑해 연안이 지금 우크라이나 영토가 되어 있기 때문이지요. 그래서 우리는 우크라이나에서 온 고대 스키타이인들의 유물을 보면서 신라 금관을 생각합니다. 그리고 몽골인은 13세기부터 세계 제국을 수립했는데, 한국과 러시아는 멀리 떨어져 있으면서도 이 시기에 몽골 제국의 지배를 공통으로 겪었고, 몽골 제국의 수도에서는 13~14세기에 이미 고려인과 러시아인이 서로 만났을 수도 있다는 사실을 알게 됩니다. 고려 충렬왕 시기에 지어졌다는 고려가요 〈쌍화점〉에 나오는 "회회아비 내 손목을 잡더이다"라는 구절에서, 동아시아와 회교 문명권의 교역, 문물 교류에 대해서도 알 수 있고요. 이처럼 세계는 오래전부터 우리가 알고 있는 것보다 훨씬 긴밀히 연결되어 있었습니다. 그런데 어떻습니까. 몽골 제국은 아시아인이 세운 대제국이라며 대견스러워하는 한국 청소년 가운데 몽골 출신의 친구들은 외국인이라며 차별하고 무시하는 일은 전혀 없는지요. 앙코르 와트의 위용에 경탄을 금하지 못하면서도 캄보디아에서 온 여인과 그의 자녀를 냉대하고 몰아붙이는 일은 없는지요.

젊은이들이 만드는 성숙한 세계

다시 노르웨이의 여름으로 돌아와볼까요. 그리고 다른 사회의 역사와 문화를 이해하는 것이 어떻게 우리를 인간적으로 성숙케 하는지도 생각해볼까요. 사실, 노르웨이 사회에서 일어난 참사를 볼 때, 인간 사회에는 더 이상의 노력이 필요 없는 완성된 어떤 상태, 지고의 경지는 없다는 것을 다시 실감합니다. 노르웨이도 평등과 민주주의, 관용에 관한 한 다른 어떤 사회에도 뒤지지 않을 만큼 시민 교육이 잘된 사회일 텐데, 그런 체제 아래서도 어떤 인간의 극도로 비뚤어진 심성은 차디찬 마음과 증오심, 폭력성을 낳았습니다. 어떠한 문제도 일어나지 않는 사회는 존재하기 힘들다는 말입니다. 그러나 문제가 생겼을 때 인간이, 사회가 어떻게 대응하는가에 따라 이를 넘어서는가, 그렇지 않고 사회 전체가 영혼의 병 속에 주저앉게 되는가가 갈립니다. 브레이빅 사건에서 정말 돋보인 것은 노르웨이 사회가 참사에 대해 또 다른 증오와 광란, 복수의 언어로 대응하지 않았다는 점입니다. 2011년 7월 22일 우퇴위아 섬에 있었지만 참극을 면했던 노르웨이 노동당 소속 여성 정치인 스티네 호헤임은 CNN 방송과의 인터뷰(7월 23일)에서 그의 범죄를 두고 "단 한 사람이 이렇게 큰 증오를 만들어낼 수 있다면, 우리 모두가 함께 만들어낼 수 있는 사랑은 얼마나 클지 상상해보세요"라고 말했습니다. 스티네는 스물일곱 살 난 젊은 여성인데, 이 인터뷰에서는 열여덟 살 난 자기 친구 헬레 간네스타가 한 말을 인용한 것이었습니다. 헬레도 브레이빅의 만행으로 자기 친구들을 많이 잃었습니다만, 노르웨이 총리가 우퇴위아 섬 사건 희생자 추모식에서 이 말을 인용함으로써 사람들을 숙연한 감동으로 몰아넣기도 했지요. 인터뷰 동영상을 보니까 스티네는 "폭력은 폭력을 낳고 증오는 증오를 낳습니다. 이것은 해결책이 될 수 없습니다. 우리는 우리의 신념을 가지고 우리의 싸움을 계속해갈 것입니다"라는 말도 했더군요. 평화를 위한 평화적 투쟁이라는 의미일 것입니다. 스티네와 헬레는 브레이빅과 같은 사회에 살며, 같은 세대입니다. 이 여성들의 발언은 인간적 성숙함의 극치를 보여주지만, 이 같은 성숙함은 그냥 만들어지는 것이 아닙니다. 시민적 용기와 관용의 가르침이 지배적이었던 분위기 속에서만 가능한 말입니다. 앞에서 유럽 역사 교육의 어떤 한계에 대해 언급했지만, 그 사회에는 그런 한계까지도 인식하고 이를 넘어서려는 사람들이 있는 것이지요. 젊은 여성들이 이 같은 정신적 성숙함을 보여준 데는 인간을 향한 신뢰와 관용, 열린 마음이 바탕을 이루고 있습니다. 스티네는 금발 여성인데 그녀의 홈페이지에는 자신의 긴 금발을 흑인의 레게머리처럼 땋은 사진도 올라와 있습니다. 그녀의 열린 마음을 한눈에 알 수 있군요.

이처럼 브레이빅이 살상극을 저지른 후 이에 맞서서 함께 증오의 마음을 분출하는 대신, 더 큰 관용과 공존의 정신으로 이를 넘어서려고 했던 노르웨이 시민의 태도는 역사를 어떻게 배우고 무엇을 배울 것인가에 대해서도 우리에게 많은 시사를 줍니다.

사실 독일에서도 최근 네오나치의 준동을 심심치 않게 목격할 수 있다고 합니다. 그러나 1960년대 이래 독일인의 15~20퍼센트가 극우적 가치를 가지고 있지만 실제 투표에서는 4퍼센트 득표가 최대치였다는 사실을 보면 역시 한 사회가 역사에서 무엇을 배운다는 것이 얼마나 큰 의미를 가지는지 알 수 있습니다. 독일에서는 나치가 강력한 금기로 남아 있고 독일인은 나치와 연관되는 것을 극도로 두려워하는데 이는 강력한 역사 교육을 통해 파시즘은 허용할 수 없다는 사회적 합의가 형성되었기 때문에 가능해졌다고 할 수 있습니다.

아니, '겉으로 문제가 되는 것을 피한다'는 것이 그렇게 중요하지는 않을 것입니다. 역사상, 파시즘은 참혹한 파멸을 맞이했고 현재 네오파시즘도 지탄받고 있습니다. '당신과 나는 이 세상에서 더불어 사는 존재이다. 우리의 공존으로 이 세상은 더욱 아름다워진다'는 정신이 어그러졌을 때 세상이 얼마나 참혹해졌는지 우리는 역사에서 배울 수 있습니다. 그리고 더불어 사는 사람들이 문명의 교류를 통해 더 차원 높은 새로운 문명을 발전시켰을 때 인류가 얼마나 더 성숙해질 수 있었던가도 배울 수 있습니다.

* 이 글은 2011년 8월 4일 《한겨레》 세상읽기 난에 실린 '노르웨이의 여름, 비극과 새로운 빛'에 바탕을 두고 이를 보완하여 썼습니다.

한정숙

서울대학교 역사교육학과와 같은 대학교 대학원 서양사학과를 졸업한 뒤, 독일 튀빙겐 대학교에서 혁명기 러시아의 경제사상사연구로 박사 학위를 받았다. 현재 서울대학교 서양사학과 교수로 재직 중이다. 쓴 책으로는 《여성은 이렇게 말했다》 《역사용어 바로 쓰기》(공저) 《러시아는 우리에게 무엇인가》(공저) 《독일통일과 여성》(공저) 등이 있으며, 옮긴 책에는 《노동의 역사》 《봉건사회》 《비잔티움 제국사 324-1453》(공역) 등이 있다.

고전 읽기의 즐거움

· 16 ·

이현우(한림대 연구교수)

　모든 일에는 배후가 있다는 음모론적 세계관에 동의한
다면 '고전 읽기의 즐거움'도 순수하게만 받아들일 수 없
다. 최소한 그게 그토록 즐거운 것이라면, 그래서 '순수한
즐거움'이라면 널리 광고할 일도 없으며 이런 자리에서 내
가 길게 떠들어델 이유도 없을 것이다. 제군들은 일단 그
걸 의심해야 한다. 이미 경험적으로 체득한 바도 있겠지만
어른들의 말은 다 의심해야 한다. 속칭 '꼰대'들의 말이라
는 것. 물론 이 '의심하라!'는 주문조차도 어른들의 말일
수 있다. 하지만 그나마 유일하게 건질 수 있는 '꼰대적'
격언이다. 모든 의심을 가능하게 하는 의심의 토대가 '의

심하라'라는 명령이니까. 그거 하나는 믿어도 된다.

그럼 의심이 왜 중요한가. 그렇게 의심할 때 제군들은 자기 자신이 되기 때문이다. "도대체 세상에 믿을 건더기가 없어!"라고 푸념할 때, 제군은 자신의 존재감을 온전히 드러내게 된다. 다른 누구도 아닌 '나', 이렇게 의심하고 푸념하는 '나'가 이 세상에 존재한다는 것, 그게 사실은 가장 놀라운 일이고 경이로운 일이며 기적적인 일이다. 데카르트 René Descartes, 1596~1650 라는 철학자가 "나는 생각한다, 고로 존재한다"라고 말한 걸 기억하는가? 그때 '생각한다'라고 두루뭉술하게 표현된 게 실상은 그의 의심이고 회의였다. 우리는 뭔가에 대해서 의심할 때 비로소 '주체'로서 존재한다. 말이 어려운가? '나답게' 존재한다고 이해하면 된다. 우리가 남의 눈치를 보거나 신세 지지 않고, '나답게' 당당하게 존재하는 건 내가 바라보는 모든 것, 내게 들리는 모든 말을 의심할 때이다. 그런 걸 '괄호 안에 넣기'라고도 말한다. 곧바로 받아들이지 않고, 곧이곧대로 믿지 않고 보류해놓는 것이다. 그렇게 미덥잖다는 표정으로 세상의 모든 일을 보류해놓는 주체, 그게 '나'이다. 왜? 나니까. 다른 이유는 없다. '너'가 아니기 때문에. '그'가 아니기 때문에. 바로 '나'이기 때문에.

'고전 읽기의 즐거움'도 마찬가지다. '고전'이란 건 '팩트'로 어느 정도 지정할 수 있다. '읽기'도 마찬가지다. 물론 '읽기'와 '읽은 척하기'를 어떻게 구별할 것인가 같은 까다로운 질문도 가능하지만, 여기선 편하게 생각하기로 하자. 문제는 '즐거움'이다. 즐거움 혹은 쾌락이란 건 상당히 주관적이니까. 누군가의 즐거움이 모든 사람의 즐거움이 된다는 보장은 어디에도 없다. 사람은 다 제각각이고 천차만별이기 때문이다. 그렇다고 해서 모든 즐거움이 다 상대적이라고 말할 수도 없다. 사람들이 생각하고 살아가는 꼴을 보면 또 비슷비슷한 부분도 많기 때문이다. 그렇다면 인간이란 서로 비슷비슷하면서도 제각각인 것인가? 얼추 그렇게 말해볼 수 있겠다. 즐거움 또한 그렇게 양다리를 걸치고 있다. 우리가 저마다 타고난 성향에 따라 제각각의 즐거움을 누리지만, 또 어떤 즐거움은 끼리끼리 공유하기도 한다. 맘이 맞고 죽이 맞는 관계는 그래서 만들어진다. 고전 읽기의 즐거움에 대해서 몇 마디 말해볼 수 있다면 이런 근거에서다.

그렇다면 먼저 고전이란 무엇인가를 물어야겠다. 제군들은 무엇이 고전이라고 생각하는가? 막연하다거나 얼른 답이 떠오르질 않을 경우엔 사전을 '커닝'하면 된다. 원래

쓰던 '고전古典'이란 한자어의 뜻대로만 하면 '옛날 책'이다. 벌써부터 퀴퀴한 이미지가 떠오르는가? 그럼 '클래식classic'은 어떤가? 우리가 쓰는 고전이란 말은 '클래식'의 대응어이자 번역어이기도 하기 때문이다. 서양의 말이나 개념이 수용될 때 의미가 변화하거나 꺾이는 경우가 드물지 않은데, '클래식'의 경우도 마찬가지다. 영어 사전을 찾아보면 'classic'은 명사일 경우 첫째로는 분야를 막론하고 '일류 작가'나 '걸작'을 가리키고, 둘째로는 고대 그리스와 로마의 고전 작가와 작품을 가리킨다. 순서상으로 보면 첫 번째 뜻이 두 번째 뜻에서 파생되어 나왔을 것이다. 서양에서 고대 그리스와 로마 시대는 문화사의 전범이 되는 시기이자 가장 빼어난 시대로 간주되기 때문이다. 즉 저들이 자랑하고 뻐기는 시대다. 요컨대 클래식이란 '최고작'이란 의미다.

말의 뜻을 살핀 김에 좀 더 보면, 똑같이 '클래식'으로 옮기지만 'classics'란 단어는 그리스·로마의 '고전'과 이를 연구하는 '고전학'을 뜻한다. 의미가 많이 한정된다고 하겠다. 그리고 본래 이런 의미를 갖는 단어 '클래식'이 한국어에서는 '서양의 고전 음악'을 뜻하는 걸로 풀이된다. 'classic'이 '클래식'으로 음역音譯되면서 의미가 축소

된 것이다. 그런 사정에 개의치 않고 말하자면, 클래식이란 '고전' 일반을 가리킨다. 동아시아 문화권에서 '고전古典'은 '오래전부터 소중하게 여겨온 서적'을 가리킨다. 여기서 '典'이란 글자는 상형 문자로 다리가 달린 책상 위에 옛 책의 형태인 두루마리를 소중히 올려놓은 모양새를 의미한다. 물론 읽지 않고 쌓아두기만 한다는 뜻이 아니라 늘 열심히 읽는다는 뜻이다. 그럼 고전은 왜 읽는가?

이탈리아의 소설가 이탈로 칼비노Italo Calvino, 1923~1985는 "왜 고전을 읽는가"란 질문을 던지면서 고전을 이렇게 정의했다. "고전이란, 사람들이 보통 나는 ……를 다시 읽고 있어"라고 말하지, "나는 지금 ……를 읽고 있어"라고는 결코 이야기하지 않는 책이다." 이 정의에 덧붙여 칼비노는 "동사 '읽다' 앞에 붙은 '다시'라는 말은 유명 저작을 아직 읽지 않았음을 부끄러워하는 사람들의 궁색한 위선을 드러낸다"라고 꼬집었다. 가령 사람들은 "지금 《햄릿》을 다시 읽고 있어"라고 말하지 그냥 "지금 《햄릿》을 읽고 있어"라고는 말하지 않는다는 것이다. 왜? 그렇게 유명한 작품을 이제야 처음 읽는다고 하면 창피하기 때문이다. 물론 제군들은 예외다. 여기서의 창피함은 젊은 시절에 안 읽은 책을 뒤늦게 읽으려는 중년들이 부닥치게 되는, 혹은 모면하려고 하는 창피함이니까. 제군들의 처지라면 그냥 "내가 요즘 《햄릿》을 읽고 있어"라고 말하는 걸로도 충분히 '자기 자랑'이 된다. 물론 요즘 분위기엔 주변에서 "밥맛이야!"란 핀잔을 듣게 되는지도 모르겠지만.

다시 정리하자면, 모두들 읽었을 거라고 생각하기에 감히 "안 읽었다"라고 말할 수 없는 책, 그래서 "지금 읽고 있어"가 아니라 "다시 읽고 있어"라고 말하는 책이 소위 고전이다. 하지만 칼비노의 정의는 액면 그대로 받아들여도 합당한 정의다. 고전은 한 번 읽고 마는 책이 아니라 다시 읽는 책이고 반복해서 읽는 책이기에 그렇다. 왜 그런가? 클래식이란 말의 어원적 의미를 고려해서 고대 그리스·로마 시대로 떠나보자. 시간여행을 떠나자는 건 아니다. 아직 가능하지 않으니까. 하지만 흉내는 가능하다. 런던의 대영박물관에는 고대 그리스와 로마의 유물 전시실이 따로 마련돼 있고 온라인 투어도 가능하다. 그곳에는 선사 시대의 그리스에서부터 기원전 5세기경의 그리스, 바사이 신전, 파르테논 신전 조각, 헬레니즘 시대의 그리스, 로마 미술품 등이 15개의 전시실로 나뉘어 배치돼 있다.

박물관 관람이 대개 그렇듯이 이런 유물들을 들여다보자면 자연스레 이 고대인들과 현재 우리 자신들 사이의 거리와 간격을 생각해보게 된다. 즉, 박물관에서 접할 수 있는 고대 세계의 문학·언어·문화·사고방식이 현재 우리에게 무엇을 말해주며, 우리는 이것을 어떤 식으로 읽어낼 수 있을까란 물음을 던지게 되는 것이다. 고전학자들은 이러한 물음 앞에서 고대 그리스와 로마의 건축물·조각·도기·그림 등은 단순한 물질적인 유물 이상의 것이 된다고 말한다. 옛것ᆖ이지만 현재를 되새김해보도록 해주는 것, 그것이 클래식이고 고전이다. 따라서 고전을 읽는 것은 '그들의 문화'를 읽는 것이 아니라 시간적 간격에도 불구하고 '그들의 문화'에 '우리의 문화'를 견주는 것이며, '우리의 문화' 속에 아직 숨 쉬고 있는 그들의 '살아 있는 유산'을 인지하는 것이다. 이만하면 '교과서적' 답안으로는 제법 그럴듯하지 않은가.

조금 더 나아가서, 다시 질문을 던져보자. 그럼 고전 속에는 어떤 의미가 새겨져 있으며 무엇이 살아 숨 쉬고 있다는 것일까? 다시 클래식이란 말의 어원으로 돌아가보도록 한다. 일본의 인문학자 이마미치 도모노부今道友信, 1922~ 교수는 '클래식을 공부한다'는 의미가 결국은 '클래식에서 배운다'는 뜻이라면서 이 말의 라틴어 어원을 이렇게 풀어준다. 곧 '클래식'은 라틴어 '클라시쿠스classicus'에서 유래했는데 이 말은 형용사이며 처음부터 '고전적'이라는 의미가 있었던 건 아니다. 클라시쿠스는 사실 '함대監隊'라는 의미를 가진 '클라시스classis'라는 명사에서 파생된 형용사이다. 함대라는 말은 군함이 적어도 두세 척 이상은 있다는 뜻이다. 클라시스는 '군함의 집합체'라는 의미였다. '클라시쿠스'라는 형용사는 로마가 국가적 위기 상황에 맞닥뜨렸을 때, 국가를 위해 군함을 그것도 한 척이 아니라 함대(클라시스)를 기부할 수 있는 부호富豪를 뜻하는 말로 국가에 도움을 주는 사람을 가리켰다. 다시 말해서 전쟁과 같은 긴급한 어려움에 처한 국가에 큰 도움을 주는 재력가를 가리키는 말이겠다.

클라시쿠스의 어원에 대해서는 이마미치 교수와는 다른 견해도 있지만, 일설로는 그렇다고 치자. 그럼 이 '클라시쿠스'와 '클래식'은 어떤 관계인가? 이건 유비적 관계다. "A가 B인 것은 C가 D인 것과 같다(A:B=C:D)"라는 게 유비 관계의 공식이다. 국가적 위기에 함대를 기부할 수 있는 상황을 개인의 차원에서 생각해보면, 인생의 위기에 당면했을 때 정신적인 힘을 주는 책이나 회화, 음악, 연극 등을 통칭하여 '클래식'이라 부를 수 있을 것이다. 이마미치 교수에 따르면 중세의 비교적 초기, 즉 교부 시대부터 그러한 의미로 클래식이란 말이 쓰이기 시작했다. 비유컨대, 위대한 고전은 거대한 '항모 선단'쯤 된다. 거꾸로 '위기'에 직면하고 있지 않다면 '고전'은 '쇳덩이'나 '종이 더미' 이상의 적극적인 의미를 갖기 어렵겠다.

물론 번역어로서 '고전'이란 말에는 '위기적 상황에서 힘이 되어준다'는 클래식의 적극적인 어원적 의미는 가미돼 있지 않다. 그럼에도 클래식이 갖는 본래적 의미를 대응어인 고전에서도 찾는 게 좋겠다. 즉 위기적 상황에서 막강한 정신적 힘이 되어주는 것이 클래식이고 고전이다. 만약 어떤 고전이 '나'에게는 아무런 용기도 지혜도 주지 못하며 오히려 힘만 빠지게 한다면 그것은 '고전'이 아니다. 적어도 '나'에겐 고전으로서 자격 미달이다. 그러니 억지로 고전을 읽을 필요는 없을 것이다.

고전이 역사적으로 많은 사람에게 힘을 불어넣어준 작품을 뜻한다면, 그런 맥락에서 '나만의 고전' 목록도 충분히 만들 수 있다. '나'에게 살아가는 힘이 되어주는 것, 그것이 '나의 고전'이고 '제군들의 클래식'이다. 단, 그런 고전을 발견하고자 할 때 일반적인 고전 목록이 도움을 줄 수 있다. 사람들이 다 제각각이어도 또 서로 비슷비슷하다는 사실을 한 번 더 떠올려보라. 역사적으로 많은 사람에게 '고전'의 역할을 한 책이라면 제군들에게도 뭔가 의미 있는 역할을 해줄 가능성이 높다. 적어도 확률적으로 그렇다.

가령 세계적인 문호의 대명사 셰익스피어 William Shakespeare, 1564~1616를 예로 들어보자. 한때 유행했던 우스개로 《로미오와 줄리엣》을 읽어봤느냐?"라고 질문하니까 "《로미오》는 읽어봤는데, 《줄리엣》은 아직 못 읽어봤다'라고 답하더란 게 있었다. 고전에 대한 무지와 무교양을 조롱하는 우스개였다. 셰익스피어 정도 되면 "요즘 ……를 다시 읽고 있어"라고 말하는 게 기본 에티켓이다. 그렇다고 억지로 읽을 필요는 없다. 또 용도와 필요는 주관적이며 각자가 발명해낼 수도 있다. 독일의 인문학자 디트리히 슈바니츠 Dietrich Schwanitz, 1940~2004의 경험담이 유익한 참고가 된다. 그는 셰익스피어에게 빚을 진 게 있다고 말한다. 어릴 적에 스위스 산골에서 독일로 이사와 처음 들어간 학교에서 겪은 일인데, 거기선 아이들 사이에서 '욕 경연 대회'가 자주 벌어졌고 쌍스러운 욕을 누가 더 잘하느냐에 따라 서열이 매겨졌다고 한다. 욕도 경연 수준이면 '인마' '짜식' 수준으로는 웃음거리나 될 뿐이겠고 요즘 유행하는 식으로 '졸라' '씨바'를 들먹여도 순위 안에 들기는 어려웠겠다.

그러던 차에 슈바니츠는 어느 날 펼쳐 든 셰익스피어의 사극《헨리 4세》에서 '화약고'를 발견한다. 그러고는 다음 날 '결투'에 나가서 뚱보 녀석에게 수준 높은 교양의 욕을 퍼붓는다. "이 삶아놓은 돼지머리 같은 놈아, 헛바람만 들어찬 똥자루, 지 다리도 못 보는 한심한 배불뚝이, 물 먹인 비게, 물러터진 희멀건 두부살, 푸줏간에 통째로 내걸린 고깃덩이, 푸딩으로 속을 채운 출렁거리는 왕만두, 버터를 접시째 퍼먹는 게걸딱지……." 그리고 옆에 끼어든 빼빼 마른 녀석에게는 이렇게 욕을 해댔다. "꺼져버려, 이 피죽도 못 얻어먹은 몰골아, 뱀장어 껍데기, 말린 소 혓바닥, 북어 대가리 같은 놈, 수수깡, 뜨개바늘보다 더 가늘어서 치즈 구멍으로 술술 빠지는 놈아, 갑자기 성난 비둘기라도 된 거냐? 아니면 세상에서 제일 용감한 생쥐?" 당연한 일이지만 슈바니츠는 욕 경연 대회의 챔피언으로 등극했다. 그리고 아이들이 그를 존경의 눈빛으로 바라본 이후 그는 평생 셰익스피어를 존경하게 된다. 그렇듯 어려운 위기 상황에서 힘이 돼주었을뿐더러 사회적 존경까지 얻게 해주었으니 셰익스피어는 슈바니츠에게 '고전'이 되고도 남음이 있다.

자, 그런 것이 대략 '고전 읽기의 유익함'이라고 한다면, 처음에 비교적 당연한 걸로 치부했던 '고전'에 대해서 조금 따져보기로 하자. 고전이란 '다시 읽는 것'이라는 정의를 되돌려주자면, 고전의 개념도 매번 다시 생각해볼 필요가 있기 때문이다. 이미 고전의 대명사로 소개를 했으니 셰익스피어에 대한 통념을 도마에 올려보자. '진실로 위대한 작가 셰익스피어!' 이것이 셰익스피어에 대한 우리의 통념이다. 그러한 통념을 뒷받침하기 위해서 자주 인용되는 말이 있다. "나는 셰익스피어를 인도와도 바꾸지 않겠다!"라는 19세기 영국의 비평가 토머스 칼라일Thomas Carlyle, 1795~1881의 말이다. 대단한 자부심의 표현이다. 하지만 과연 영국의 식민 통치를 받았던 인도인도 공감할 수 있을까? 이런 의문은 셰익스피어 문학의 보편성에 대해 한 번쯤 다시 생각해보게 만든다. 방대한 식민지를 경영한 17세기 대영 제국의 한 극작가가 쓴 작품이 시대와 국적을 초월하여 모든 사람에게 문학적 감동을 선사한다는 것이 어떻게 가능할까? 셰익스피어의 작품들은 과연 보편적 감동을 불러일으키는 불멸의 고전인가?

　짐작할 수 있는 일이지만 사실 셰익스피어에 대해서 호평만 있지는 않았다. 러시아의 문호 톨스토이Lev Nikolaevich Tolstoi, 1828~1910는 셰익스피어의 유려하고 시적인 언어에 대해 '가식적'이란 비판을 서슴지 않았다. 그가 보기에 셰익스피어의 인물들은 모두 가식으로 가득한 부자연스러운 언어로 말한다. 살아 있는 사람이라면 절대로 그렇게 말하지 않는다는 것이 톨스토이의 주장이었다. 그럼에도 그런 가식적인 언어가 환영을 받는다면, 그건 셰익스피어의 생존 당시나 현재나 상류층의 비종교적이고 부도덕한 심리 상태에 잘 부합하기 때문이라고 톨스토이는 꼬집는다. 한마디로 셰익스피어의 문학이 톨스토이를 설득하지는 못한 것이다. 즉 톨스토이에게 셰익스피어는 고전이 아니었다. 하물며 전혀 이질적인 문화권의 독자라면 셰익스피어의 작품에 어떤 반응을 보일 것인가?

미국의 한 여성 인류학자가 인간의 본성은 다 마찬가지이므로 자신이 방문했던 서아프리카의 티브족 사람들도 《햄릿》을 이해할 수 있을 거라고 생각했다. 다 똑같은 인간이니까 생김새나 사는 모습은 달라도 《햄릿》 같은 작품이 갖는 보편적 감동은 전달될 수 있으리라고 본 것이다. 그런데, 그녀가 《햄릿》의 첫 장면을 원주민에게 설명할 때부터 '셰익스피어의 보편성'은 장벽에 부딪히기 시작했다. 어느 날 밤, 성城에서 보초를 서고 있던 세 사내 앞에 얼마 전에 죽은 부왕父王이 나타났다고 말하자, 티브족 사람들은 죽은 자가 다시 걸어 다니는 것은 있을 수가 없는 일이라고 반박했다. 이들은 특이하게도 유령의 존재를 전혀 믿지 않았던 것이다. 따라서 시체도 아니고 좀비도 아닌, 죽은 부왕의 유령에 대해서는 아무리 설명을 해도 이해하지 못했다. 그들은 또 부왕과 그를 죽인 동생 클로디어스가 같은 어머니에게서 태어났는지를 물어서 인류학자를 당황하게 만들었다. 그들이 보기엔 이 문제가 매우 중요하지만, 정작 《햄릿》에서는 아무런 설명도 주어져 있지 않다. 이러한 견해 차이가 더욱 극명해지는 것은 햄릿의 어머니 거트루드의 처신을 문제 삼을 때였다. 보통 서양의 독자들은 남편을 여읜 거트루드가 적절한 애도 기간이 끝나기 전에 너무 빨리 재혼했다고 생각한다. 극 중의 햄릿도 같은 생각이어서 "오 하느님, 이성적 사고가 결여된 짐승도 그보다는 더 오래 애도했을 텐데!"라고 어머니에 대한 불만을 털어놓는다. 하지만 티브족 사람들은 거트루드가 그렇게까지 오래 기다렸다는 사실에 오히려 놀랐다. "남편이 없다면 누가 당신 밭의 김을 매주나요?"라는 것이 티브족 아낙의 물음이었다. 결국 티브족 사람들에게 《햄릿》은 거의 이해할 수 없는 작품이었다. '말이 안 되는' 이야기이기 때문이다.

그렇다. 터놓고 말하자면 티브족 사람들에게도 《햄릿》
은 고전이 아니다. 하지만 그렇다고 해서 《햄릿》을 읽을
필요가 없다는 결론이 나오는 것은 아니다. 고전이 상대적
이고 '나만의 고전' 목록은 따로 있을 수 있다고 해서 많
은 사람이 이야기하는 고전이 무의미하지는 않다. 고전을
읽는 것은 '많은 사람'과 소통하고 그들을 이해하는 데 아
주 요긴한 도움이 되기 때문이다. 셰익스피어를 가식적이
고 퇴폐적인 작가로 격하한 톨스토이도 셰익스피어를 읽
었으니 그런 견해에 맞장구를 쳐주기 위해서라도 좀 읽어
줄 필요가 있다. 또 티브족 사람들과 만나서 대화를 나눌
때는 전혀 소용이 없겠지만, 대다수 서양인과의 대화 자리
에서라면 《햄릿》에 대한 독서는 제군들의 교양을 빛내줄
것이다. 최소한 창피하지는 않게 해줄 것이다. 굳이 애써
서 자신의 낮은 교양 수준을 과시할 게 아니라면 어지간한
교양 고전은 읽어두는 게 좋겠다. 읽은 척이라도 해주는
게 좋겠다.

　　이제까지 고전에 대해서 주저리주저리 늘어놓았는데,
사실은 약간의 회의도 없지 않다. '고전 읽기의 즐거움'에
앞서서 '책 읽기의 즐거움'이 먼저가 아닌가란 생각 때문
이다. 제군들이 평소에 책을 가까이하고 즐겨 읽는다면

'고전 읽기의 즐거움'에 대해선 따로 강조할 필요가 없을 것이다. 이미 알고 있을 테니까. 반대로 책 얘기를 꺼내면 "그게 뭔가요?"라고 시큰둥해하거나 "공부할 시간도 없는데 책은 언제 읽나요?"라고 반문하는 경우라면, '고전 읽기의 즐거움'은 좀 한가하거나 사치스러운 얘기가 될 것이다. 충분히 이해한다. 공부와 독서가 상호 배제적인, 그래서 햄릿의 질문을 바꿔서 인용하자면 "공부냐 독서냐, 그것이 문제로다"가 되는 상황에 제군들이 놓여 있다는 사실도. 물론 지극히 기형적이고 궁색한 상황이다. 하지만 "공부냐 독서냐"는 어른들의 생각이고, 꼰대들의 프레임이다. 모든 걸 의심하라는 격언은 여기에도 적용된다. 공부와 독서는 따로 놀지 않는다. 공부가 생각의 힘을 기르는 일이라면 독서만 한 수단이 따로 없다.

물론 독서는 선천적인 능력이 아니다. 곧 인류가 책을 읽도록 태어나지는 않았다. 이것은 진화론적인 팩트이다. 문자가 발명된 게 대략 5,000년 전이고, 인류가 책을 읽게 된 것은 전체 인류사에 견주어보면 지극히 최근의 일이다. 진화적 적응이라고 보기엔 너무도 짧은 시간 동안에 벌어진 일이다. 따라서 독서는 후천적으로 개발되는 능력이고, 한 과학자의 표현을 빌면 '옵션 액세서리'이다. 그러니

"나는 독서에 흥미가 없어"라는 투정이 특별히 이상할 것도 없다. 독서 능력은 '옵션'이니까. 하지만 '특별한' 옵션이란 점이 중요하다. 제군들에게 그 능력이 결여돼 있거나 부족하다면 결코 환호할 일은 아닌 것이다. 남들이 특별하게 누리는 즐거움이 '나'에겐 주어지지 않았다는 의미도 되니까. 그렇다고 해서 절망할 필요는 없다. '타고난 독서가'는 없다는 점을 승인하면, 독서 능력이야말로 각자의 노력에 달렸으니까.

독서 능력이라는 '발명품'은 인간의 뇌 조직을 재편성하고 사고 능력을 확대시켰으며 역사를 바꾸어놓았다. 중요한 것은 이러한 대전환이 한 개인의 역사에서도 반복된다는 사실이다. 책을 읽기 시작하면서 우리는 다른 세계, 또 다른 우주에 들어서게 되기 때문이다. 흔히 인간이 똑똑해서 도구를 사용하게 된 것이 아니라 도구를 사용하게 되면서 똑똑해지기 시작했다고 말한다. 독서도 마찬가지다. 우리는 똑똑해서 책을 읽는 것이 아니라 책을 읽으면서 똑똑해진다. 각자를 똑똑하게 만드는 것은 우리들 자신이다. 각자가 자신의 개성을 발견하고 잠재력을 계발하기 위해서는 책을 읽는 뇌의 근육을 단련하고 독서 능력을 업그레이드할 필요가 있다. 지속적으로 발달시킬 필요가 있다. 물론 그러한 발달은 무엇보다도 다양하고 풍부한 독서, 끊임없이 질문하고 답을 찾는 깊이 있는 독서를 통해서 이루어질 터다. 이쯤에서 이렇게 말해도 좋겠다. "나는 읽는다, 고로 존재한다."

자, 그럼 '고전 읽기의 즐거움'이란 무엇이겠는가? 그건 고전을 읽은 자들만이 아는 즐거움이다. 감히 알려고 해보겠는가? 건투를 빈다.

* 이 글은 글쓴이의 저작 《책을 읽을 자유》에 실린 일부 내용을 보완한 것입니다.

이현우

서울대학교 노어노문학과를 졸업하고 같은 학교 대학원에서 박사 학위를 받았다. 현재는 한림대학교 연구교수이며, 대학 안팎에서 러시아 문학과 인문학을 강의한다. 지은 책으로 《로쟈의 인문학 서재》 《책을 읽을 자유》 《애도와 우울증》 《로쟈와 함께 읽는 지젝》 등이 있다.